ABENTEUER
SEIDENSTRASSE

PRESSESTIMMEN

„Ein spannender Reisebericht, der die Lust auf Abenteuer weckt."

Bettina Burger, Alliteratus

„Für alle Radreisenden und Träumer von fernen Ländern ein absolutes Must-have im Bücherregal!"

We Ride Leipzig. Magazin für Leipziger Fahrradkultur

Thomas Meixner, geb. 1965, gelernter Elektriker, nach 1989 erste große Radtour entlang der Mittelmeerküste durch 13 Länder über 10.000 Kilometer, 1998 Beginn einer dreijährigen Weltreise über 99.000 Kilometer, seitdem begibt er sich regelmäßig auf spannende Radtouren weltweit, über die er in Lichtbild-Vorträgen berichtet. Im Mitteldeutschen Verlag erschienen bisher „Afrika. Mit dem Fahrrad unterwegs nach Kapstadt" (2008) und „Amerika mit dem Fahrrad. Abenteuer zwischen Alaska und Feuerland" (2015, 2. Aufl. 2019).

Thomas Meixner

ABENTEUER SEIDENSTRASSE

Mit dem Fahrrad unterwegs nach China

mitteldeutscher verlag

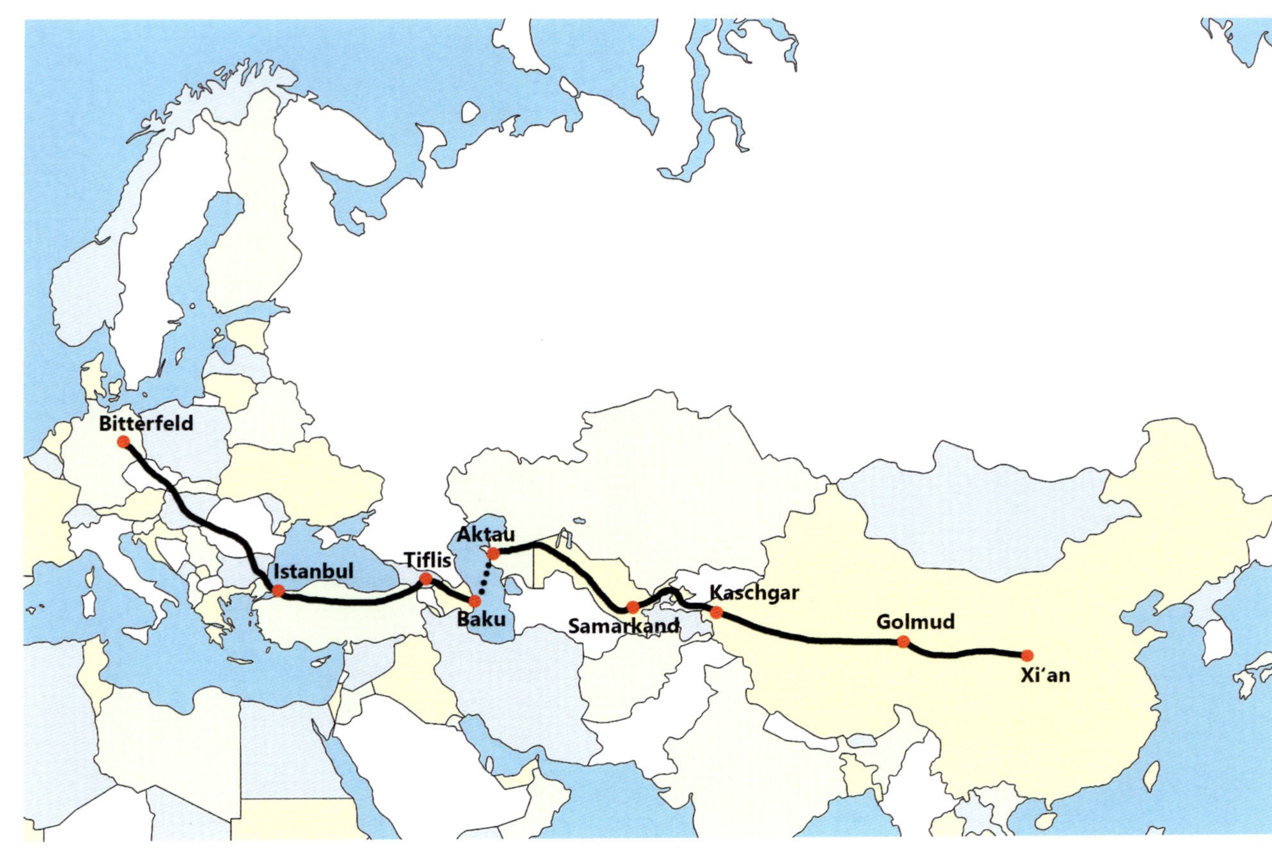
Bitterfeld
Istanbul
Tiflis
Baku
Aktau
Samarkand
Kaschgar
Golmud
Xi'an

Inhalt

Zu Beginn

Seit vielen Jahren reise ich durch die Welt. Dabei benutze ich für die heutige Zeit ein eher ungewöhnliches Vehikel: das Fahrrad. Immer wieder werde ich gefragt, warum mit dem Fahrrad, warum quälst du dich so …, das geht doch alles viel bequemer!

Für mich gibt es viele Gründe, das Rad zu nehmen. In erster Linie kann ich mit diesem Reiseverkehrsmittel lange mit wenig Geld unterwegs sein. Mit dem Fahrrad zwinge ich mich quasi, langsam unterwegs zu sein. Dadurch erlebe ich die Dinge wie Wind, Sonne, Regen, Berge intensiver als wenn ich im Bus, Auto oder, was das Schlimmste wäre, über allem im Flugzeug sitzen würde. Mit dem Rad hat man sehr guten Zugang zu dem Menschen. „Ein Radfahrer kann kein böser Mensch sein“, so bringt es der Rekordradler Heinz Stücke, ein deutscher Weltumradler im wahrsten Sinne, auf den Punkt, als er in einem Interview seinen Eindruck vermittelt, wie du von den Menschen in der Fremde gesehen

2006 während meiner Afrikatour in Äthiopien

wirst. Heinz hat übrigens fast sein ganzes Leben im Sattel eines bepackten Rades verbracht und war in jedem Land der Erde zu Gast. Über fünfzig Jahre auf zwei Achsen unterwegs und weit über 600.000 Kilometer in den Waden.

Eine Reise unterscheidet sich ja auch erheblich von einem Urlaub. Sie ist in der Regel sehr viel länger und man plant sie nicht ganz bis ins Detail, sondern hat eine Vorstellung vom zeitlichen und räumlichen Korridor und muss viele Sachen offenlassen. Manchmal kommt es dann ganz anders als geplant. Ich sage immer: Eine Reise ist wie ein Leben. Man wird geboren, fährt also los, und dann bewegt man sich zeitlich und räumlich vorwärts. Es gibt auf einer Reise nicht nur schöne Dinge zu erleben, sondern auch knallharte Tiefen, die es zu durchleben gilt. Also geht es praktisch, wie im richtigen Leben, immer hoch und runter. Und wenn man viel unterwegs ist, so wie ich, dann bleiben die schlimmen Momente nicht aus. Ich hoffe zwar immer, dass jede Tour gut verläuft und ich nur von angenehmen, schönen Momenten in Vorträgen und Büchern berichten kann, aber das ist eine Illusion. Auf meinen Reisen saß ich dreimal jeweils für eine Nacht im Untersuchungsgefängnis ein, wurde dreimal brutal überfallen, hatte einen Unfall und war auch mal krank. Wenn ich dann von diesen Dingen berichte, ist das manchmal ein Vorwand für Menschen, so etwas lieber zu unterlassen und zu Hause zu bleiben. Doch die schlimmen Momente einer langen Tour sind meist nur von kurzer Dauer. Die allermeisten Erlebnisse sind positiver Natur, und an denen mache ich mich fest und sehe alles eher optimistisch.

Nun, ich reise nicht wie Heinz Stück für Stück, sondern habe meine eigene Reisephilosophie entwickelt.

Vor über zwanzig Jahren hatte ich mein letztes Angestelltenverhältnis als Fahrradmechaniker und Verkäufer in unserem örtlichen Fahrradgeschäft an den Nagel gehängt, um eine Reise nach Sydney zu den Olympischen Spielen im Jahr 2000 zu wagen. Daraus ist eine Weltreise geworden, auf der ich dann dreieinhalb Jahre unterwegs war. Danach war ich wieder zu Hause und fühlte mich dort auch sehr wohl. Doch nach einiger Zeit kam das Fernweh zurück und ich plante die nächste Reise. Auch als diese wieder zu Ende ging, freute ich mich auf die Heimat. Inzwischen ist das Reisen für mich zum Beruf geworden. Seither halte ich Vorträge und schreibe Bücher, wie auch dieses. Doch das Pendeln zwischen den zwei Welten, wenn ich das so ausdrücken darf, ist geblieben. Ich bin also nicht der klassische Aussteiger, der einen Schnitt mit seinem alten Leben macht und vielleicht auch irgendwie versucht, vor Problemen „wegzurennen“,

Kekspause 2003 in der Mongolei

sondern eher das Gegenteil. Ich brauche die Stabilität meines Elternhauses und das stabile soziale Umfeld mit Freunden und Bekannten, um auch im Kopf stabil genug zu sein, eine Reise zu bestehen. Ich vergleiche es immer mit unserer Erde und dem Mond. Nur weil es den Mond gibt, kann sich die Erde stabil bewegen und gleichmäßig drehen und andersherum würde der Mond ohne die Erde hoffnungslos im All herumirren.

Weitere Reisen folgten, wie die Mongolei-Expedition, eine Fahrt nach Kapstadt, die Wladiwostok-Tour, bei der ich auf dem Landweg bis zur letzten bzw. ersten Station der Transsibirischen Eisenbahn radelte, um dann mit derselbigen den Rückweg anzutreten. Anschließend gab es nochmals eine lange Reise von zwanzig Monaten. Hier „kümmerte" ich mich um den sehr interessanten Doppelkontinent Amerika. Dazwischen erfüllte ich mir kleinere Reisewünsche, war in Island, dem Baltikum und in den USA. Doch auch die ganz normalen anderen Hobbys machen genauso viel Spaß. Im Keller wartet ein Faltboot auf kleine Ausflüge auf den Gewässern Mitteleuropas oder wir fahren an den Wochenenden im Sommerhalbjahr die örtlichen Steinbrüche an, um uns an wunderschönen Felswänden beim Freiklettern „die Finger lang zu ziehen". Auch kommt mein

Beim Zelten in Mecklenburg mit den Eltern Ende 1960er Jahre

Tandem relativ oft zum Einsatz, wenn es auf Tagestouren durch die heimischen Wälder und Felder geht.

Doch bei fast allem geht es im Prinzip darum, draußen zu sein, unterwegs zu sein. Das ist mir seit meiner frühesten Kindheit inne. Schon im Bauch meiner Mutter wurde ich im Sommer im Zelt beherbergt, später, als kleiner Bengel, wusch ich mich im See und holte das Wasser aus der Schwengelpumpe. Strom gab es zu DDR-Zeiten auf den meisten Zeltplätzen sowieso nicht. Das heißt, ich war von Anfang an nichts anderes gewöhnt, als draußen zu sein – de facto ohne Luxus. Das Unterwegssein kam dann später hinzu, man kann sagen mit achtzehn, als ich mit einem Freund nach langem Überreden einen Rucksackurlaub mit dem Zug nach Bulgarien wagte. Nun hatte ich Blut geleckt, wie man es so schön sagt.

Und wenn wieder eine Reise ansteht, so hat sie oft auch eine längere oder kürzere Vorgeschichte, oder anders ausgedrückt: Es muss erst mal eine Idee zu einer Tour geboren werden.

Das sind meist unscheinbare Ereignisse oder Begegnungen, die mir dann das „Samenkorn“ in den Kopf „einpflanzen“. Das kann auch ein längerer Prozess sein, der dann irgendwann zu einer „Pflanze“, oder anders gesagt zu einer Reiseidee wird. So war es auch mit dieser Seidenstraßentour.
Zentralasien war schon immer eines der Lieblingsziele in meinem Reiseleben. Mongolei, Kasachstan und auch Westchina – da bin ich bereits mit meinem Drahtesel gewesen und habe mich trotz der oft harten physischen Reisebedingungen wohlgefühlt. Die Weiten von Wüste und Steppe, die besondere Gastfreundlichkeit der Bevölkerung dort, die teilweise archaische Lebensweise der Menschen, die ursprüngliche, vom modernen Westen noch nicht so beeinflusste Kultur, all das faszinierte mich. Fasziniert haben mich auch die Reisen und Berichte der zwei großen Globetrotter des 14. Jahrhunderts: Ibn Battūta und Marco Polo. Die hatten über viele Jahre die arabische und östliche Welt für sich erschlossen und inspirierten die nachfolgenden Reisenden und von Fernweh

Bauen an der neuen Seidenstraße in China – kein Vergleich zu den Zeiten von Marco Polo

geplagte Menschen, die Welt selbst zu entdecken, und das reicht hinein bis in unsere Tage.
Dann war da noch ein Fernsehbericht über die neue Seidenstraße, die das Reich der Mitte, also China anschob und alles daransetzt, den Handel mit den Nachbarländern bis hin nach Europa anzukurbeln. Die Chinesen bauen fieberhaft an neuen Straßen, die sich überwiegend mit den alten Handelsrouten aus Antike und Mittelalter decken. Auch der Ausbau der Seewege in die restliche Welt von Eurasien wird vorangetrieben. Da war und ist eine Menge in Bewegung. So rückte die sogenannte Seidenstraße in meinen Fokus und die Idee war geboren, auf diesen alten Handelswegen Zentral- und Ostasien zu erkunden.
Alsdann machte ich mich daran auszuloten, ob die Reise überhaupt möglich wäre. Es galt Faktoren wie Jahreszeit, Distanz bis zum Endpunkt Xi'an in Zentralchina, Visa, Sicherheitslage usw. durchzukalkulieren. Bis auf die relativ komplizierten Aufenthaltsbedingungen in den zentralasiatischen Ländern wie eben auch China bestanden gute Chancen, dass dieses Projekt auch ein erfolgreiches werden könnte.

Bevor es losgehen kann

Schon Monate zuvor machte ich mich auf und besuchte unsere sehr alte und schöne Stadt Halle an der Saale. Hier findet der Reisende eine wunderbare Buchhandlung, wo es faktisch nur Reiseführer und klassisches Kartenmaterial gibt, und zwar alles, was auf dem deutschen Markt erhältlich ist, kann hier gleich in den Händen gehalten und begutachtet werden. Da ich aus Platz- und Gewichtsgründen keinen Reiseführer mitnehme, blieb es bei den Karten. Ich erklärte meine Reiseroute und schnell waren die Karten zusammengestellt. Es waren gefaltete, aus Kunststoff bestehende Blätter, die ich schon seit etlichen Jahren bevorzuge. Ein deutscher Reiseverlag produziert sie schon seit Ewigkeiten und sie waren bis dato immer ausreichend. Der Leser wird sich bestimmt fragen, warum der Meixner nicht einfach ein Handy oder ein GPS-Gerät mitnimmt, statt dieser altertümlichen Karten. Nun, in dieser Hinsicht bin ich vielleicht ein wenig eigen und reise lieber klassisch, schalte statt des Handys lieber meinen Kopf ein, frage auch mal einen Menschen nach dem Weg. Da bin ich ein kleiner Don Quichotte, das gebe ich zu. Aber zu diesem Reiseprojekt passt das sehr gut. So bekomme ich auch ein wenig das Gefühl für die alte Zeit der Antike oder des Mittelalters, wo selbst Karten so gut wie nicht zu haben waren oder es einen ungeheuren Luxus darstellte, wenn jemand welche besessen hatte.

Ein paar Wochen später kniete ich in meiner kleinen Wohnstube neben einem langjährigen Freund, ebenfalls ein Thomas. Mit diesem heute graubärtigen Mann hatte ich Anfang und Mitte der Neunzigerjahre Radtouren unternommen, zum Beispiel rund ums westliche Mittelmeer (10.000 Kilometer), oder mit dem ich auch drei Gruppenreisen organisierte. Eine Trabanttour mit fünfzehn Freunden nach Westsibirien, wo wir mit einem selbst gebauten Holzfloß auf einem Fluss unterwegs waren. Eine andere war die Reise nach und durch Marokko, bei der wir mit zwei DDR-Lastern und dreizehn Menschen in die Nordsahara aufbrachen. Schließlich gab es noch eine Gruppenradreise nach Litauen – ins Baltikum also –, zu der sich zehn Teilnehmer zusammenfanden. Auch die Reise nach Sydney zu den Olympischen Spielen war gemeinsam geplant. Wir sparten über

Auf der Soswa bei einer Floßtour in Sibirien 1993

mehrere Jahre jede Mark, schmiedeten Pläne und stellten am Ende fest, dass wir doch nicht die richtigen Partner für solch eine Megatour waren. Da ich nicht allein fahren wollte, suchte ich verzweifelt nach einem anderen Reisepartner, fand aber keinen. Aus der Not startete ich dann doch ohne Begleitung. Für einen Außenstehenden ist es vielleicht schwer nachzuvollziehen, wieso ich auch heute noch das Alleinreisen bevorzuge, aber ich bin da ein Pragmatiker. Es besteht die gute Chance, dass man, wenn der Partner vierundzwanzig Stunden präsent ist, sich schnell über ist, und da fängt die ganze Sache an nervig und auch stressig zu werden. Das hatte ich auch schon erfahren. Und ich komme mit mir allein sehr gut zurecht. Das habe ich während der langen Reisen gelernt, lernen müssen. Aber heute sind wir sehr gute Freunde, Thomas und ich.

Er kniete jetzt neben mir und erklärte mir seinen Weg, den er mit einer Berliner Freundin Jahre zuvor ebenfalls mit dem Rad gereist war. Die beiden strampelten damals bis nach Kirgisien und Kasachstan. Ich hatte einen Textmarker in der Hand, markierte mir meine Ideallinie in die Karten und bekam so eine erste Vorstellung, was eventuell abgehen könnte, wenn ich in diesen Gebieten unterwegs war. Das war ein wichtiger und informativer Nachmittag, den wir bei guten Gesprächen und einer Tasse Tee am alten Eichentisch meiner Großeltern, der meine Wohnstube ziert, beendeten.

Der nächste Schritt war dann weniger entspannend, denn für mich sind solche bürokratischen Sachen immer ein notwendiges Übel, um das ich nicht herumkomme. Das eine geht nicht ohne das andere. Die Visabeschaffung für die zentralasiatischen Staaten, als da wären Aserbaidschan, Turkmenistan, Usbekistan und natürlich auch die Volksrepublik China. Für alle anderen Länder benötigte ich im Vorfeld keine Einreisegenehmigung. Das hatte ich mir schlimmer vorgestellt. Aber so manches Visum war schwer bis niemals zu bekommen. Das konnte ich unmöglich alles selbst besorgen. Dazu fehlten mir Zeit und Nerven. Wie auch bei den vergangenen Reisen, bei denen ich ein Visum benötigte, suchte ich im Internet nach geeigneten Agenturen, die mir da weiterhelfen konnten. Da gab es nicht viele, die mir das alles beschaffen würden. Ich wurde schließlich fündig und verhandelte mit einem großen Frankfurter Reisebüro, an das auch eine fitte Visaabteilung angeschlossen war. Das China-Visum war es, was mir Kopfzerbrechen bereitete. Normalerweise bekommt man es als Touristenvisum, auch bis zu sechzig Tage, recht einfach heutzutage. Aber man muss innerhalb von drei Monaten an der Grenze stehen, um noch in der Gültigkeitsdauer einstempeln zu können. Das war praktisch nicht umzusetzen und hätte mit Rei-

Geschafft: das Visum für China

sen dann wirklich nichts mehr zu tun, sondern man würde an allem nur so vorbeikeulen müssen, nur um die straffen Zeiten einzuhalten. Ganz zu schweigen, wenn das Wetter mal ins Extreme umschlägt, ob der Körper krank wird oder streikt und ich nicht fahren kann. Dann ist schnell alles aus. Diese Agentur bot mir jedenfalls an, ein sogenanntes L-Visa zu besorgen. Dann hätte ich sechs Monate Zeit einzureisen und wenn alles gut geht auch sechzig Tage Zeit, um Xi'an, die alte Kaiserhauptstadt zu erreichen, wo meine Reise ihr Ende finden sollte. Zum Schluss bekam ich dann nur zweimal dreißig Tage Aufenthalt, was mir noch etliche Probleme bereitete. Aber dazu später mehr.

Dann gab es dort noch für ein wenig mehr Geld einen Ausfüllservice, den ich gerne annahm. Formulare ausfüllen ist der Horror für mich schlechthin. Ich überwies eine nicht unerhebliche Summe in die deutsche Finanzmetropole und per Post wanderte mein Reisepass hinterher.

Und wie immer – und das macht mir jedes Mal riesigen Spaß – werden das Rad auf Vordermann gebracht und die Ausrüstung vervollständigt. Das erledigte ich in den Wochen davor. Wobei ich sagen muss, dass mein Rad schon lange überholt an der Wand des ehemaligen Pferdestalls hing, den ich mir als Mieter in einem alten Bauernhaus in meiner Heimatstadt, als Werkstatt und

Nur nichts vergessen – beim Packen im Wohnzimmer

„Asservatenkammer" ausbauen durfte, und wo „Nasreddin", so sein Name, schon sehnsüchtig auf den kommenden Auslandseinsatz wartete. Zum Schluss noch die Krankenversicherung auf Eis legen, eine neue fürs Ausland abschließen, Auto abmelden.

Natürlich wurden die Medien auf die ganze Sache aufmerksam und es besuchten mich auch viele Blogger, die Interviews mit mir führten. Zwei Redakteure einer großen Zeitung mit vielen Bildern kamen ebenfalls vorbei, um bei mir die Gepäckkontrolle durchzuführen. Sie hatten eine gute Frage in ihrem Gepäck: „Was ist neu bei deiner jetzigen Reise?" Ich überlegte kurz und sagte: ein Helm auf dem Kopf und eine Digitalkamera. Sozusagen war das die erste Reise, bei der die Fotos nicht mehr auf einem Diafilm belichtet wurden. Ich weiß, auch hier bin ich wieder ein kleiner Don Quichotte, aber der Film hatte was und es machte mir mehr als Spaß, einen Diafilm einzulegen und mit begrenztem Fotomaterial wohlüberlegt und sparsam meine Fotos zu produzieren. Doch die Zeiten sind vorbei, ob man will oder nicht. Filme sind kaum noch zu haben und Ersatzteile

für die guten alten Diaprojektoren sind nicht mehr zu bekommen, Neugeräte schon lange nicht mehr. Ja, und mit dem Helm ist es so: Ich will nicht sagen, dass man älter und somit auch vorsichtiger wird. Das mag auch ein Argument sein, sondern es hat auch irgendwie Vorbildwirkung. Halte ich doch auch viele Vorträge an Schulen oder begleite auch mal einen Klassenausflug von Schülern und Lehrern meiner Patenschule in Wolfen. Da ist der Helm sowieso Pflicht. Dann hat auch der Verkehr auf allen Straßen dieser Welt extrem zugenommen, und da machen die Schwellen- und Entwicklungsländer keine Ausnahme. Man fühlt sich einfach besser, will ich mal sagen.
Das waren ein paar Sätze zur Vorbereitung der Reise. Die Zeit lief immer weiter und der Tag X rückte immer näher, das heißt, der Moment, an dem sich die Speichenräder zu drehen beginnen, den der Reisende herbeisehnt, und es zu kribbeln beginnt ...

Sich von zu Hause entfernen

Es war Anfang April, genau der vierte. Als ich aufwachte, kam die Sonne hoch. „Glück gehabt, Thommy, wie so oft", dachte ich erleichtert. Es gab auch an diesem Starttag eine offizielle Verabschiedung, dieses Mal in Bitterfeld auf dem Marktplatz vor dem Servicebüro der hiesigen Stadtwerke, die mir bei meinen Aktivitäten seit etlichen Jahren unter die Arme greifen und vor allem mit medialer Unterstützung zur Seite stehen.
Doch bevor ich auf dem Marktplatz stand, musste noch so einiges abgearbeitet werden. Schon sieben Uhr dreißig klingelte es an der Haustür und ein Fernsehteam, bestehend aus Redakteur und Kameramann, das für einen großen deutschen TV-Sender produziert, stand an der Schwelle. Schnell leerte ich meine Teetasse, spülte hektisch zum vorläufig letzten Mal den wenigen Abwasch vom Frühstück, zog mich an und nahm meine Packtaschen und Packsäcke, um sie in Richtung des ehemaligen Pferdestalls zu bugsieren. Alles wurde gefilmt. Wollte man doch so viel wie möglich authentisches Material von meinem Start im Kasten haben, für eine Reportage über einen „Verrückten", der sich mit zweiundfünfzig Jahren noch einmal auf einen langen und beschwerlichen Weg – nach Ostasien – aufmachte. Ich packte routinemäßig alles an und auf die beiden Gepäckträger, schob Nasreddin hinaus vor die Werkstatttür in die fri-

sche Morgenluft, klappte den Ständer runter, ging zurück und warf einen letzten Blick auf die anderen Räder – zwei Rennräder, ein Tandem, ein Liegerad, ein Reiserad und ein Alltagsfahrrad sowie ein Hunde- und ein Lastenanhänger. Die mussten nun wiederum fast ein halbes Jahr warten. Ich schloss langsam die Tür und ließ das Vorhängeschloss zuschnappen. Dann hastete ich noch einmal zur Wohnung hoch, kippte den Hauptschalter herum, stellte das Wasser ab und schloss die Tür. Jetzt endlich rollte ich los. Bei meinen Eltern hinterließ ich die Schlüssel und die wichtigsten Papiere. Die beiden haben auch alle Vollmachten, vom Finanzamt über Versicherung bis hin zu allen Konten. Und sie managen meine Touren, man kann sagen, schon seit Jahrzehnten. Ich setzte mich wieder in Bewegung, rollte weiter entlang des ehemaligen Chemiekombinats Bitterfeld über Greppin Richtung Bitterfeld. Greppin ist eine Gemeinde, die in den Achtzigerjahren wohl zu den dreckigsten in Europa gehörte. Wie so oft war ich viel zu zeitig da und hatte noch genügend Zeit, mich mit den ankommenden Freunden, Gästen und auch Fans zu unterhalten. Die lokale Presse und Fernsehen

Startfoto vorm Büro der Stadtwerke in Bitterfeld

gesellten sich ebenfalls dazu und es war insgesamt eine entspannte und lockere Verabschiedung.
Zu meiner Freude kamen wieder Menschen in Radkleidung dazu. Einige rollten noch ein paar Kilometer mit, aber drei von ihnen waren mit mir länger zusammen, nämlich bis zu meinem ersten Quartier bei Meißen an der Elbe. Meine Begleiter waren der über siebzigjährige Hans, den ich auf meinen Vorträgen kennenlernte, Jörg aus Wittenberg, ein langjähriger Freund und Kletterpartner, und dann noch Torsten, ebenfalls ein Fan und Besucher vieler meiner lokalen Vorträge. Um elf setze sich der Pulk in Bewegung, in den sonnigen, aber etwas windigen Tag hinein. Wir radelten an dem Goitzschesee vorbei, einem riesigen kultivierten Tagebau aus DDR-Zeiten. Weiter ging es nach Bad Düben, entlang der schönen Mulde und somit nach Sachsen hinein. Torgau und die Elbe waren schnell „im Sack" und gegen neunzehn Uhr erreichten wir das wundervolle Häuslein von Frank Blume direkt an der Elbe, die an diesem Abend besonders friedlich dahinfloss. Frank hatte schon alles vorbereitet, Bier und Grillzeug besorgt, um uns, und natürlich auch mir, einen schönen Abend zu bereiten. Frank und ich lernten uns in Karthum, der Hauptstadt des Sudans, kennen. Wo auch sonst. Beide waren wir unterwegs ins südliche Afrika und teilten ein großes Stück des Weges. Mit Frank zusammen verbrachte ich einen guten Monat und wir waren ein gutes Team.
Aus dieser Aktion ist eine gute Bekanntschaft geblieben und ich nutzte die Gelegenheit, ihn an diesem Tag einmal wiederzusehen. In sehr gemütlicher Runde am Feuer und bei reichlich Gerstensaft mit dem Elbtal im Blick, ließen wir diesen, für mich ersten Abend an der Strecke gemütlich ausklingen.
Am anderen Morgen waren wir dann nur noch zu zweit. Jörg verschwand schon am Vorabend mit dem Zug in Richtung Wittenberg und Hans am Morgen ebenfalls nordwärts. Nur Torsten blieb mir noch für einen ganzen und einen halben Tag treu. Wir waren auf dem Elbradweg unterwegs, radelten im Sonnenschein an Meißen, Dresden und Pirna vorbei, durchs Elbsandsteingebirge, immer der Elbe folgend und schon standen wir am zweiten Reisetag an meiner ersten Grenze. Wobei „standen" an der Stelle ein wenig irritierend wirkt. Wir leben ja im freien Europa und somit auch im Schengenraum, wo sich jeder frei bewegen kann und es hier auch keine Kontrollen mehr gibt. Doch wenn ich an dieser Stelle den „Film" um dreißig Jahre zurückdrehe, so habe ich andere Bilder im Kopf. Auf dem Weg nach Bulgarien waren schon alle mit langen Haaren verdächtig und ich wurde hier an dieser Stelle schon mehr als gründlich kon-

Mit Torsten an der ersten Grenze

trolliert. Doch die Zeiten sind lange vorüber und wir rollten, nachdem wir am blauen Schild mit den Europasternen ein Foto geschossen hatten, weiter nach Hrensko, der ersten Siedlung in Tschechien. Hier gibt es das Gasthaus „U Raka" (Zum Krebs) und wunderbare Knödel mit Sauerkraut und Gulasch, dazu noch unwiderstehliches Schwarzbier vom Fass.

Als wir wieder ins Freie kamen, hatte es sich stark abgekühlt und ich zog mir die langen Radlerhosen und eine warme Jacke an. An diesem Tag schafften wir es nicht mehr allzu weit und schlugen direkt am Fluss unser Lager auf. Wir schmissen unsere Kocher an, um wenigsten noch einen warmen Tee zu genießen, und verkrochen uns schnell in den warmen Schlafsack. Die Morgendämmerung weckte uns mit Reif auf den Zelten – es war die einzige frostige Nacht auf der ganzen Reise nach China.

Torsten war begeistert und froh, wenigsten noch ein kleines Stückchen mit zu radeln. Doch an diesem Tag hieß es in Litoměřice (Leitmeritz) Abschied nehmen. Torsten kaufte sich ein Bahnticket nach Hause und verschwand in den

In der Gedenkstätte KZ Theresienstadt

Bahnhof hinein. Ich setzte mich erst mal auf dem Bahnhofsvorplatz auf eine Metallbank in die warme Sonne und ließ mir mehrere Brötchen schmecken. Ein wenig komisch war mir jetzt schon. Ich war allein und nur auf mich gestellt wie so oft. Aber am Anfang, wie eben in diesem Moment, war es irgendwie trotzdem ein merkwürdiges Gefühl. Doch schon wurde ich angesprochen, war abgelenkt und ein wenig später setzte ich mich in Bewegung und die komischen Gedanken hatten sich verflüchtigt.

Nicht weit, praktisch gleich um die Ecke, gibt es den Ort Terezín, das ehemalige Theresienstadt, über den ich schon viel gelesen und gehört hatte. Theresienstadt war unter der Naziherrschaft ein Getto, bzw. ein Sammellager für unerwünschte Mitbürger, praktisch gesehen ein Konzentrationslager. Terezín ist eigentlich eine sehr schöne Stadt, aber die Vergangenheit ist hier auch immer sehr präsent, sodass ich mir diesen Ort mit gemischten Gefühlen ansah.

Die Sonne blieb mir in unserem südlichen Nachbarland bis auf einen Tag treu. Schnurstracks rollte ich in Richtung Südosten durch das schöne Tschechien,

Graffiti an einer Donaubrücke in Bratislava

campierte in der Natur, meistens am Feldrand bzw. Waldrand oder auch mal in einem Weinberg, und erreichte schnell die Stadt Bratislava. Somit war ich im nächsten Land und stieß auf den nächsten berühmten Fluss, die Donau. Früher gab es ja die Tschechoslowakei. Doch seit dem Fall des „Eisernen Vorhangs" sind die beiden Länder friedlich getrennt und Bratislava die Hauptstadt der Slowakei. Ein bisschen Donauradweg und ein bisschen Straße und ich überrollte die dritte Grenze.

Magyaren und Karpaten

Ich muss sagen, in den ersten Tagen meiner Reise stellte ich fest, dass ich nicht die Kondition hatte, die ich mir gewünscht hätte. Viel bewegt habe ich mich in der letzten Wintersaison nicht, außer beim fast täglichen Kistenschleppen, wenn ich zu den Vorträgen unterwegs war. Vom Keller des Hauses meiner Eltern, rein ins Auto, dann am Vortragsort raus und rein ins Kulturhaus. Dort habe ich die Technik aufgebaut, den Vortrag gehalten und danach wieder alles abgebaut, wieder rein ins Auto und nach Hause. Und wenn ich am nächsten Tag keinen Vortrag hatte, buckelte ich wieder alles in den Keller meiner Eltern. Das strengt auch schon ganz schön an und der Schweiß lief manches Mal in Strömen, aber es ist eben kein spezifisches Radausdauertraining. Aber das macht nichts, denn auf einer Reise hat man Zeit, sich körperlich hochzuarbeiten. Und Bergsteigerkollegen von mir werden es bestätigen, dass der Meixner am Anfang wie eine rostige Dampflok ist, aber sich nach einer Weile eingelaufen hat und dann immer schneller läuft. Genauso war es natürlich auch in den ersten Tagen der Fall. Schon nach einigen Hundert Kilometern hatte sich das Problem fast erledigt und ich hatte die gewünschte Kondition in den Beinen. Doch ein Problem blieb mir relativ lange treu, das Sitzfleischproblem. So etwas kannte ich eigentlich recht selten auf den Touren, die ich schon unternommen hatte. Meistens waren es dann die alten ausgeleierten Radlerhosen. Verschwitzt, kombiniert mit der Feuchtigkeit der Tropen oder nach einem Regenguss ließ das die Haut zwischen den Schenkeln schwinden und das rohe Fleisch begann durch die Reibung fürchterlich zu schmerzen. Ein „Wolf" sozusagen. Doch dieses Mal waren direkt am Gesäß zwei kleine Beulen zu fühlen, die fürchterlich schmerzten. Das konnte eine Haarwurzelentzündung sein, vermutete ich. Doch ich fuhr einfach weiter. Was sollte ich auch sonst machen. Und viel später, als ich schon Bulgarien erreicht hatte, war der Spuk vorerst vorbei.

Doch jetzt zurück zur dritten Grenze, der nach Ungarn. 1989 radelte ich schon einmal diese Strecke, allerdings war ich damals dreiundzwanzig und am Schwarzen Meer in Bulgarien war Schluss und ich rollte mit dem Zug zurück nach Hause. Wobei ich damals, als der „Eiserne Vorhang" zu bröckeln begann, schon mit einem Taxi nach Wien unterwegs war und somit den Osten verlassen wollte. Doch das Taxi hatte einen Maschinenschaden und so landete ich wieder in Budapest und schließlich in meiner Heimat. Im Nachhinein war es ein großes Glück und wahrscheinlich auch kein Zufall. Also wenn es einen „Großen Geist des Universums" gibt, so hatte er bei mir nicht nur einmal die Finger im Spiel.

Ungarn hatte ich als sehr flach in Erinnerung. Die einzige Erhebung war ab und zu mal eine Brücke, über die man die Donau oder sonst einen Fluss zu überqueren hatte; so ungefähr jedenfalls. Da hatte sich nichts verändert. Was sich verändert hatte, waren die Verhältnisse. In den Achtzigerjahren waren wir die

Győr in Ungarn lag hinter mir

„Ossis“, die in Ungarn ziemlich unten im touristischen „Kastensystem“ standen. Hoch im Kurs waren die „Wessis“ der BRD und aus Österreich oder sonst woher. Hauptsache, man hatte Westgeld in der Tasche. Ungarn kam mir früher wie der Westen vor, doch heute fand ich ein Land mit schlechten Straßen und nicht die beste bauliche Infrastruktur.

Auf so einer schlecht geteerten Straße bewegte ich mich aus Győr, der ersten größeren Stadt im Land der Magyaren, heraus. Die Temperaturen waren schon sommerlich und es trieb mir reichlich den Schweiß aus den Poren. Es war später Nachmittag und ich fing langsam an, die Möglichkeiten abzuchecken, wo ich eventuell die Nacht verbringen könnte. In ein kleines Dorf, das rechts von der Straße lag, bog ich ein. Zwei Männer standen auf der Straße und unterhielten sich. Ich stieß schnell dazu und kramte aus meiner Lenkertasche ein kleines, in Plastik eingeschweißtes Zettelchen hervor. Dort stand in ungarischer Sprache: „Mein Name ist Thomas. Ich komme aus Deutschland und suche einen sicheren Platz für eine Nacht für mein Zelt.“ Zumindest hatte es mir die

Firma Google am heimischen Rechner so übersetzt. Ich überreichte einem der Männer meine gedruckte Bitte. Es schien halbwegs gut übersetzt zu sein. Die Gesten der beiden gaben mir zu verstehen, dass sie sich Gedanken machten und eine Lösung für mich suchten. Ich konnte auf dem Grundstück, vor dem der jüngere der beiden stand, mein Zelt auf gutem Rasen aufstellen. Eine Dose Bier und ein kleines Gespräch gab es dann auch noch. Mein Gastgeber war Busunternehmer und wohnte noch in der Stadt. In den nächsten Wochen wollte er diese aber verlassen und hier in das Haus ziehen. Irgendwie kamen wir auf das Thema Ungarn und Magyaren. Ich sagte, dass es viel Verwandtschaft mit den Finnen und Türken gäbe. Doch er meinte, dass sie einmalig in Europa wären und mit niemandem verwandt seien. Ich ließ das Gespräch abebben und bereitete mein Abendessen auf dem Benzinkocher vor. Er verschwand mit seiner Frau im Auto Richtung Stadt und ich war allein. Beim Einschlafen, im Schlafsack liegend, sinnierte ich noch einmal über unser Gespräch nach und dachte bei mir: „Ganz schön nationalistisch und arrogant, die Ungarn." Im Kopf tauchten die übergroßen Plakate auf, die ich reichlich an den Straßen zu sehen bekam. Auf ihnen sah man viele Flüchtlinge, das waren wahrscheinlich vor dem Krieg und dem Tod flüchtende Syrer. Auf dem Foto prangte ein riesiges Stoppschild. Irgendwann war ich eingeschlafen und im Reich der Träume unterwegs, an die ich mich morgens in den seltensten Fällen erinnern konnte. Immer noch auf flachem Gelände kurbelte ich nach Rumänien hinüber. Hier verlangte ein Beamter an der Grenze ein Dokument. Ein ungewöhnliches Bild im freien Europa. Doch nach einem kurzen Blick in meinen Reisepass konnte ich weiterradeln. Ich war im Land Draculas, in den Karpaten, im wilden Rumänien eben. 1984, als ich das erste Mal hier mit dem Rucksack durchkam, hatte der Despot Nicolae Ceaușescu das Land noch fest im Griff und es gab Brot auf Marken, während die Frau des Präsidenten nach Paris zum Friseur flog. Dann kam die Wende und die beiden wurden noch 1989 auf der Stelle erschossen. In Rumänien findet man allerorts viele Sinti und Roma, die nicht nur hier von der Gesellschaft an den Rand gedrängt werden, die irgendwie nicht richtig dazugehören. Doch für mich schon. Ich kenne das Land nicht ohne sie. Auch auf dieser Reise begegnete ich etlichen von ihnen. Sie waren teilweise, wie seit eh und je, mit Pferd und Wagen unterwegs. Andere wiederum bestiegen große Limousinen mit einem Stern auf der Motorhaube. Rumänien war mir auf dieser Durchquerung irgendwie sympathisch. Es machte Spaß, durch die Dörfer zu ziehen und Menschen zu sehen, die Nachbarschaft pflegten, vor den Grundstü-

Nächtlicher Besuch am Zelt am ersten Abend in Rumänien

Alt und bunt sind die Häuser in Hermannstadt

cken auf Bänken zusammensaßen, sich unterhielten oder sich zum Brettspiel zusammengefunden hatten. Abends sah ich, wie jeder seine geliebte Kuh nach Hause holte, wie die Sonne sich weich und ruhig über die Landschaft nach unten, auf den westlichen Horizont zu bewegte. Aber da hatte ich meist schon meinen Platz für die Nacht organisiert. Entweder ein Plätzchen im Schoß von Mutter Natur oder auch mal in einem Lieferwagen. Der gehörte Valentin, einem Gemüsebauern, und ich konnte in sein Gefährt für die dunklen Stunden samt Rad einziehen. Als ich die deutsch geprägte Stadt Hermannstadt, das heutige Sibiu, erreicht hatte, gab ich zum ersten Mal Geld für die Übernachtung aus. Hermannstadt liegt mitten in Siebenbürgen mit den sogenannten Siebenbürger Sachsen, die eigentlich gar keine Sachsen waren. Sie sind Anfang der vorletzten Jahrtausendwende hier eingetroffen, haben sich niedergelassen und die Gegend mit Kultur und Sprache geprägt. So kann man am Sonntag zumindest noch den Gottesdienst in der evangelischen Kirche der Stadt auf Deutsch erleben. Doch ich weilte mitten in der Woche in Hermannstadt und die Kirche wurde im großen Stil restauriert. Ich konnte mir allerdings noch einen Stempel für mein Tagebuch ergattern. Tagebuch schreibe ich nur auf meinen großen Reisen. Angefangen habe ich damit auf meiner Weltumrundung vor zwanzig Jahren. Es ist für mich eine Art Übung zur Selbstdisziplin und andererseits auch ein „Nachschlagewerk“, um mir noch Jahre nach der Tour einen Tag oder auch eine bestimmte Situation in Erinnerung zu rufen.
Gewohnt habe ich in einem schönen neuen Hostel in der wunderschönen Altstadt, in der schon etliche Gebäude wieder auf Vordermann gebracht worden sind. Aber auch ein Laie wie ich es bin, sah schon auf den zweiten Blick, dass es hier noch viel zu tun gibt. Der spätabendliche Spaziergang über Plätze und durch Gassen tat mir sehr gut.
Am anderen Morgen packte ich Nasreddin und die Fahrt ging weiter. Vor mir lagen die Karpaten, in denen es Bergpässe von über zweitausend Metern gibt. Doch auf meiner Karte entdeckte ich den Fluss Olt, der sich südlich von Sibiu nach Süden durchzwängte. „Da muss ich nicht hochkurbeln. Wunderbar!“ In mir kam Freude auf, und ich machte mich ans Werk, um an der richtigen Stelle aus der Stadt zu fahren und dem Fluss nach Süden zu folgen. Doch genau diesem folgten auch sehr viele Fahrzeuge, meistens schwer beladene, große Lkws. Der fehlende Randstreifen gab mir den Rest und die Strecke durch die Karpaten wurde zur Qual. Dahin war die Freude, ohne viel Kraftaufwand durchs Gebirge zu stoßen. Unter Lebensgefahr und mit höchster Konzentration zwängte ich

Zu Besuch im ältesten Kloster Rumäniens in Morisena (rum. Cenad)

mich irgendwie durch. Vielleicht gibt es ja doch einen Geist des Universums mit seiner schützenden Hand über mir.
Das Wunder passierte, als die Berge einer Ebene wichen und es wieder einen schmalen Randstreifen aus Asphalt für mich gab. Es fing leicht an zu regnen. Doch das störte mich wenig. Ich hielt an einem Laden an, kaufte noch etwas fürs Abendessen ein und verschwand links der Straße in einen Busch. Wenig später saß ich vor dem Zelt unter meinem Tarp, aß meine Nudeln, trank ein Bier dazu und dachte noch lange über die Karpaten nach.

Wiedersehen in Bulgarien

Es war um die Mittagszeit, die Sonne stand schon sehr hoch und heizte ganz schön ein. Vor mir war ein großer Fluss, der träge und doch irgendwie auch wieder schnell dahinfloss. Ich stand an der Donau und eine Fähre kam herüber aus Bulgarien. Die Stadt, die am anderen Ufer zu sehen war, hieß Nikopol. Zwei Laster, ebenfalls aus Bulgarien, und ein paar Autos warteten auch auf den Fährmann. Dazwischen drei Hunde, die mich entdeckten und zu betteln begannen. Irgendwie wussten, oder besser rochen sie etwas Essbares in der Plastiktüte, die auf dem Packsack unter einem Spannband klemmte und in der noch ein großes Stück altes Weißbrot steckte. Ich erbarmte mich, nahm die Tüte und verteilte die Almosen gleichmäßig auf alle drei. Da krachte es und etwas quietschte erbärmlich. Die Fähre war da. Der Fährmann winkte mich als Ersten heran und wies mir einen Platz zu. Es ging rüber nach Bulgarien. Ein Land fast wie eine zweite Heimat. Wenn ich richtig gezählt habe, war ich jetzt zum neunten Mal im Land der Thraker und Römer. Ein kleines Ländchen mit nur circa sieben Millionen Menschen. Bulgarien ist voll schöner Natur und Geschichte. Alles war mir von Anfang an vertraut, außer der Ruhe und dem fast fehlenden Verkehr in den ersten zwei Tagen im Norden des Landes. Ich erreichte schnell die Stadt Pleven (Plewen), in deren Zentrum ich eine Pause einlegte. Die Stadt machte einen tristen Eindruck, was sich auch auf mich übertrug. Ich wurde nachdenklich und ein wenig traurig. Ich hing doch irgendwie an diesem Land. Das war unser sonniger Süden, den wir jedes Jahr mit dem Rucksack in den Achtzigern besuchen durften – das südliche Ende unseres kleinen und freien Reisekorridors als DDR-Bürger. Wie ich später erfahren sollte, hatte ich richtig beobachtet. Der

Warten auf die Donaufähre

Norden Bulgariens hat extreme infrastrukturelle und wirtschaftliche Schwierigkeiten und wer kann, geht weg in den Süden, wo einfach mehr los ist. In meiner Heimat oder im Osten Deutschlands wandern die „Wirtschaftsflüchtlinge" eher von Osten in Richtung Westen.
Die Stadt Trojan, mit dem in der Nähe gelegenen gleichnamigen Kloster, machte einen ähnlich verschlafenen Eindruck auf mich, aber wirkte auch irgendwie romantisch. Das lag wohl an den hohen Bergen, die im südlichen Hintergrund zu sehen waren. Es war das Balkangebirge, der Namensgeber für eine ganze Region, den Balkan. Bekannt vor allem durch den Zerfall von Ex-Jugoslawien und den darauffolgenden Bürgerkrieg. Doch Bulgarien hatte die Wendezeit ohne Krieg überstanden. In Trojan legte ich noch mal eine Pause ein und bereitete mich im Kopf auf den ersten längeren Anstieg der Reise vor. Es war der Trojanpass. Dann ging es los und langsam kurbelte ich auf gutem Asphalt eine gleichmäßige Steigung nach oben und hatte schnell die Höhe von 1.525 Meter über dem Meeresspiegel erreicht. Etwas geschafft, aber ich war oben. Und wenn der Radfahrer oben ist, geht es wieder herunter, die Belohnung sozusagen für den

Der Balkan ist von Wolken verdeckt

verlorenen Schweiß, den man an der geneigten Ebene gelassen hat. Ich war so verschwitzt und oben pfiff ein solch kalter Wind, dass ich mich erst einmal anhosen und anjacken musste. Auch die dicken Handschuhe zog ich an, denn oft hatte ich Probleme in den Fingern. Und wenn man dann den Bremshebel nicht mehr fühlen kann …

Nach etlichen Höhenmetern und unzähligen Serpentinen war ich in einer anderen Welt angekommen. Hier schien zwar dieselbe Sonne, aber es war mehr voller Leben; auch der Verkehr hatte stark zugenommen. Ich steuerte den nächssten Supermarkt an, kaufte unter neugierigen Blicken, die mir auch draußen beim Verstauen der Lebensmittel in die Packtaschen treu waren, ein und verschwand wenige Kilometer weiter in einer alten, zum Teil verlassenen Gartensparte. Später lag ich im Schlafsack mit mir und der Welt zufrieden, trank noch einen kleinen Schluck bulgarischen Rotwein, schaute in die Sterne und sah die Schatten des Balkans, der sich neben mir auftürmte. Ein schöner Tag war zu Ende.

Plowdiw (Plovdiv), eine der ältesten Städte der ganzen Region, war dann in einer halben Tagesetappe erreicht. Ich sah mich auf dem Boulevard nach einem Passanten um, dessen Handy ich benutzen konnte, und rief meinen alten Freund Ivo an. Ivo kannte ich schon lange. Er hatte in Wernigerode studiert, irgendwas mit Computer. In diesem Städtchen hatte ich auch einen Bekannten, in dessen Outdoor-Geschäft ich oft einkaufte und in dem ich damals auch die Ausrüstung für meine Touren gekauft hatte. Dort arbeitet auch eine nette Verkäuferin. Sie wurde meine Freundin. Allerdings hat unsere Beziehung die Amerikareise, die ich von 2013 bis 2015 unternahm, nicht überlebt. Aber das steht in einem anderen Buch. Jedenfalls half mir Ivo schon einmal bei den Vorträgen aus, die ich in der Gegend hielt. 2006 startete ich zu einer Reise nach Kapstadt und besuchte ihn in Plowdiw. Er lebt mit seiner Mutter in einer großen schönen Wohnung, mitten im Zentrum dieser wunderbaren Stadt. Ich quartierte mich damals für ein paar Tage dort ein und konnte mich gut erholen. Seine Mutter sagte mir schon nach einem Tag, dass ich sie mit Ma anreden sollte. Das vergisst man nie. Eine solche Herzlichkeit ist einfach umwerfend und hinterlässt bei mir

Mit Ivo in der Altstadt von Plowdiw

Münzen im Brunnen vor dem Batschkowo-Kloster

bleibende Eindrücke. Es war Samstag und Ivo sagte mir am Telefon, dass ich noch warten soll, er hole mich später ab. Abends, als wir gemütlich im Wohnzimmer bei einem Weinbrand saßen und über die alten Zeiten redeten, erfuhr ich warum. „Heute ist der Todestag meines Vaters", sagte Ivo mit einer gefassten Traurigkeit in seinem Gesicht. Ja, den Vater hatte ich auch noch kennengelernt. Ein hagerer ruhiger, lieber Mensch. Der Gedanke, dass wir alle am Ende gehen müssen, kam mir in den Kopf, wurde aber schnell wieder verdrängt. Denn an diesem Abend saß ich bei den Lebenden, bei lieben Freunden, war Gast in einer mir vertrauten Welt und dennoch in der Fremde.

Eigentlich wollte ich am Morgen weiterstrampeln, aber die liebe Mutter überredete mich, doch wenigstens noch einen Tag zu bleiben. Es war Sonntag und wir bestiegen das Auto der Familie, fuhren nur einige Kilometer nach Süden und waren schon in wunderbarer Natur im Rhodopengebirge. Die Berge rings herum wurden schnell höher, doch bevor sie ganz groß wurden, öffnete sich das Tal und gab den kleinen Ort Batschkowo frei. Gleichnamig auch hier das Batschkowo-Kloster, ein orthodoxes Kloster, fast tausend Jahre alt. Das habe ich als ruhigen, zur Meditation einladenden Ort in Erinnerung und zuerst wollte ich dort ein Zimmer mieten, um die klösterliche Ruhe und Geborgenheit zu genießen. Es war im Prinzip eine große Baustelle und wirkte in diesem Jahr eher hektisch. „Die richtige Entscheidung getroffen, Thomas", dachte ich mir, als ich die Arbeiter die neuen Steinplatten im Innenhof verlegen sah.

Aber dieser Sonntag war trotzdem schön und ich konnte ihn genießen. Es gab noch einen gemütlichen Abend im großen Wohnzimmer in Plowdiw, der letzte. Am andern Morgen packte ich meinen Nasreddin. Und rollte los. Neben mir begleitete mich Ivo noch bis zum Stadtrand mit seinem Mountainbike, mit dem er sehr viel in der Natur unterwegs war. Aber seit vielen Monaten hatte er es nicht mehr angerührt. „Meine Kondition ist hin", sagte er mir im gebrochenen Deutsch. „Zu viel Arbeit." Ivo arbeitete für eine deutsche Firma, die für verschiedene Versandhäuser hauptsächlich im Modebereich tätig ist.
„Komm doch mit", rief ich ihm zu. Er lächelte nur, und am Stadtrand von Plowdiw drehte er um, fuhr zurück in die Stadt, zurück auf Arbeit. Es war Montag.

Hinein in den Orient

Ich hatte leichten Rückenwind. Die Landschaft ist hier im Südosten Bulgariens eher flach. Es ging also ganz schön flott voran. Ohne Sitz- und Konditionsprobleme näherte ich mich der türkischen Grenze und hätte locker noch in den Orient hineinfahren können. Im Jahre 2006 tat ich das, als ich über die Türkei, Syrien, Jordanien nach Afrika gefahren bin. Doch das war ein Fehler, bzw. hatte ich auch ein wenig Pech. Ich radelte damals in einem Stück von Plowdiw bis nach Edirne, der ersten Stadt auf türkischem Gebiet in dieser Ecke. Dann wurde es dunkel, ich fuhr aus der Stadt heraus und versuchte zwischen Maisfeld, Wiese und Wald einen Platz für mein Zelt zu finden. Da griffen mich vier uniformierte Gestalten auf und sagten mir, dass ich mich schon in der zweiten verbotenen Zone zur Grenze nach Griechenland befand. Ich wurde von einem Grenzoffizier verhört und landete nach einhundertneunzig geradelten Kilometern und weit, weit nach Mitternacht in einer Gefängniszelle bei der Zivilen Polizei in Edirne. Nach einem kurzen morgendlichen Verhör wurde ich damals in die Freiheit entlassen. So was prägt sich ein und ich stoppte noch vor der türkischen Grenze, verschanzte mich zwischen Büschen und Bäumen mit meinem kleinen Ein-Mann-Zelt und wurde von Hunderten Mücken umschwärmt, was den Abend ein wenig nervig machte. In langen Sachen und mit Mückenspray an Händen und Füßen schlürfte ich meinen Tee und dachte bei mir: „Immer noch besser als in einer türkischen Gefängniszelle."

Noch ein Kilometer bis zur Türkei

Der Grenzwechsel am andern Morgen verlief problemlos. Ein kurzer Blick des bulgarischen Beamten in meinen Pass, ein Stempel des türkischen Uniformierten, das war's.

Ich war zum zweiten Mal in Kleinasien, wie die Türkei auch bezeichnet wird. Edirne selbst, genauer gesagt die Selimiye-Moschee, die das Stadtbild prägt, gehört heute zum Weltkulturerbe. Dann das bunte Treiben in den Straßen und Gassen. Ich war in einer anderen Welt, ich war im Orient. In einem kleinen Straßencafé bestellte ich mir den typischen schwarzen Tee, der in kleinen Gläsern überall im ganzen Land serviert wird, und gleich zwei dieser köstlich schmeckenden Sesamringe, die in der Türkei Simit genannt werden. So kam ich schnell wieder an und hinein in diese Welt, in dieses schöne Land, wo es eine wunderbare Mischung aus orientalischer Kultur, Moderne, Geschichte und spektakulären Landschaften gibt.

2006 habe ich um die größte Stadt, um Istanbul, einen Bogen gemacht bzw. bog vorher nach Süden ab. Doch nun kam ich an dieser Fünfzehnmillionen-Metropole am Bosporus nicht vorbei, wollte ich doch im nördlichen Teil nach Ostanatolien vorstoßen.

Gläubige waschen ihre Füße vor dem Besuch der alten Moschee von Edirne

Das Spitzenwetter blieb mir bis zum Bosporus treu. Sonne satt. Fast schon zu viel unter der Mittagszeit. Auf der zweispurigen Straße, bestehend aus gutem Asphalt mit breitem Randstreifen, kam ich in hügeliger Landschaft zügig in Richtung Istanbul voran.

An diesem Tag schaffte ich es nicht bis in die Innenstadt, das war mir klar. Doch die Häuser wurden immer enger, der Verkehr immer dichter. Die Sonne stand schon tief über dem Marmarameer, dem kleinen Teil des Mittelmeeres, der zwischen den Dardanellen und dem Bosporus liegt. Ich bog von der Hauptstraße ab und landete vor einer Teestube. Ein paar Männer unterhielten sich ruhig bei einem Glas Tee. Ich kramte wieder einen gelben, in Plastik eingeschweißten Zettel hervor, wo mein Anliegen draufstand. Dieses Mal natürlich in türkischer Sprache. Übrigens habe ich die Zettel in den Sprachen vorbereitet, deren Länder ich zu durchradeln beabsichtigte. Das war mir sehr wichtig. Denn auf den vorherigen Touren war das immer ein Problem, den Leuten vor Ort rüberzubringen, dass ich nur einen Zeltplatz für die Nacht suche, einen sicheren natürlich auch. Vor allem in Ländern, wo Camping ein Fremdwort zu sein schien. Doch im Internet und Computerzeitalter war es kein Problem, das umzusetzen. Und

ich kann schon vorwegnehmen: Bei allen Übersetzungen, die eigentlich eine Maschine erledigt hat, lag der Rechner nie völlig daneben. Alle wussten zumindest, worum es ging, selbst in China.
Jedenfalls nahm mich einer der Männer mit und wenig später baute ich mein Zelt auf kurzem Rasen direkt am Meer vor einer Villa auf. Es war eine Luxusferienhaussiedlung. Die Saison hatte noch nicht angefangen und es waren noch keine Urlauber da. Der Mann renovierte hier ein paar Wohnungen. Ich nahm eine Dusche aus dem Gartenschlauch und konnte dann den schönen Sonnenuntergang genießen.
Die letzten fünfzig Kilometer nach Istanbul, dem ehemaligen Konstantinopel, waren erwartungsgemäß die Hölle für mich als einsamen Radfahrer. Auf bis zu sieben Spuren je Richtung rollten Autos, Busse und Lkws in ohrenbetäubendem Getöse und rasender Geschwindigkeit an mir vorbei. Manchmal waren es nur wenige Zentimeter, die mich von einem Unfall trennten.
Dann tauchte in meinem lebenswichtigen Rückspiegel ein Rennradfahrer auf, er mag so um die Zwanzig gewesen sein. „Ein Verrückter", dachte ich mir. Er dachte sicherlich dasselbe. Er blieb bis circa sechs Kilometer vor dem historischen Zentrum hinter mir und deckte mich etwas. Er gab Handzeichen, was aber die meisten Autofahrer ignorierten. Besonders schlimm wurde es, wenn wir eine zwei- oder dreispurige Einmündung passieren mussten. Dann standen wir oft ein, zwei Minuten da und ich hatte nicht den Eindruck, dass wir jemals weiterkommen würden. Aber dort musst du es so machen wie als Fußgänger in Italien: einfach loslaufen oder, wie in unserem Fall, einfach losradeln. Bei einer solchen Aktion muss man einfach hoffen, dass alle Köpfe, die hinter einem Lenkrad sitzen, ausgeschlafen sind, gutes Reaktionsvermögen haben und dass die Bremsen gut in Schuss sind. So etwas hatte ich lange nicht mehr erleben müssen. Die Sachen erinnerten mich entfernt an Jakarta, Bangkok, Kalkutta oder auch an Kairo. Schließlich verabschiedete sich der Junge auf seinem Hightech-Rennrad und ich quälte mich allein weiter. Ab und zu eine kleine Teepause am Straßenrand half mir, die Gedanken zu sortieren.
Irgendwann am frühen Nachmittag war ich in der historischen Altstadt angekommen und quartierte mich in einem preiswerten Hostel für umgerechnet acht Euro ein. Nur wenige Gehminuten entfernt befinden sich die berühmte Hagia-Sophia-Moschee, die Blaue Moschee und der Topkapı-Palast.
Istanbul hieß früher Konstantinopel, als Hommage an den römischen Kaiser Konstantin, der das Christentum zur Staatsreligion erhob und die Stadt grün-

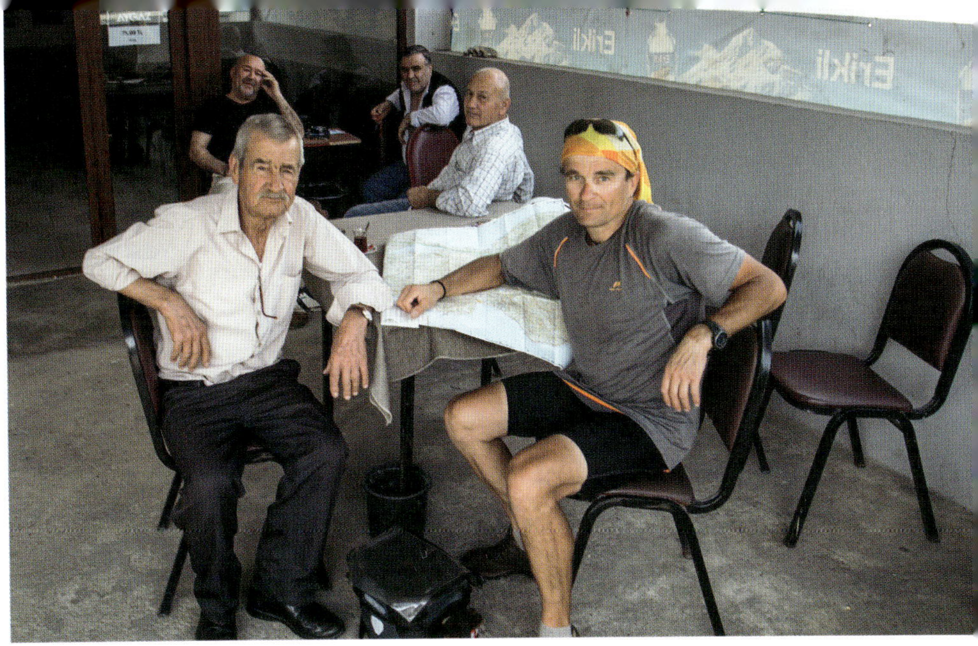

Der Einladung auf einen Tee folgte ich gerne

Emsiges Treiben auf dem großen Basar in Istanbul

Die Hagia Sophia am Abend

dete, als das neue Rom. Doch im Jahre 1453 belagerten achtzigtausend osmanische Krieger die Stadt und aus Konstantinopel wurde Istanbul.

Alles ist im Wandel und Geschichte ein einziger Fluss von Ereignissen. Das macht die Sache so richtig interessant. An der „Hagia Sophia“, die ich mir neben der Blauen Moschee und dem Sultanspalast natürlich als „Pflichtprogramm“ ansah, konnte man das sehr gut sehen.

Früher war die Hagia Sophia eine der größten christlichen Kirchen weit und breit, doch nach der Eroberung durch die Türken wurde sie zu einer Moschee umgebaut. Heute ist dies gewaltige Gebäude ein Museum. Auch der Sultanspalast (Topkapi) war schon eine Reise wert, eindeutig ein großes Stück aus „Tausendundeine Nacht“. Natürlich ließen mich der Blick zum Bosporus und der Besuch des großen Basars den Stress und die Strapazen vergessen, die ich beim Reinradeln in diese Verkehrshölle erlebte.

Ich besuchte auch die Stelle im Altstadtviertel Sultanahmet, wo fast genau zwei Jahre zuvor zehn deutsche Touristen bei einem Selbstmordanschlag ums Leben

gekommen waren. Das ganze Viertel sowie die Altstadt sind von Polizei und Armee heute gut geschützt, so mein Eindruck.
Doch bei der Weiterreise, am letzten Apriltag, wurde ich noch einmal mit der gefährlichen Blechlawine konfrontiert. Etwas über hundert Kilometer „Urbaner King Kong". Dann war's geschafft. Erste Felder tauchten auf und ich fuhr wieder ins ländliche Kleinasien. Und tatsächlich, mit der Fähre setzte ich über den Bosporus über und war seitdem in Asien angekommen. Und auf dem größten Kontinent unserer Erde blieb ich auch bis zum Schluss der Reise. Doch so weit sind wir noch lange nicht.
Zügig und entspannt rollte ich mit meinem Nasreddin durch den Norden Anatoliens. Bei Nasreddin fiel mir ein, dass ja der Namensgeber meines aus einer Leipziger Fahrradschmiede stammenden Reisevehikels, tatsächlich gelebt haben soll und hier in der Gegend zu Hause war, und zwar im 13. oder 14. Jahrhundert, so vermutet man.
Wenn der Reisende von West nach Ost unterwegs ist, so wie ich es war, erspart er sich das Achterbahnfahren, denn die Gebirgsketten verlaufen ebenfalls horizontal. Wenn man eine eingenordete Karte vor sich hält, kann man das gut sehen …
Ich jedenfalls kam jetzt zügig voran. Nur ab und zu einen Pass hoch und wieder runter – das war's, zumindest in den ersten Tagen. Zwölf Jahre war ich nicht in der Türkei und konnte so einiges an Veränderung sehen. Besonders der Zustand der Straßen hatte sich enorm verbessert. Fast die ganze Strecke, die ich durch dieses große Land kurbelte, war jetzt zweispurig. Als ich hier das erste Mal durch bin, war das noch überhaupt nicht der Fall. Auch die Städte sind gewachsen und wachsen rasant weiter. Es war ein regelrechter Bauboom zu beobachten, überall Kräne und Baufahrzeuge. Ein wenig von der alten gemütlichen Zeit, die ich noch gut als Erinnerung im Kopf abrufbar hatte, schien verloren. Das Land war moderner geworden. Auch hier verändert sich alles. Wirklich alles?

Der Himmel verdunkelt sich

Vieles hat sich in der Türkei verändert, aber nicht alles. Beständig geblieben ist die religiös verankerte Gastfreundschaft. Das ist das Wichtigste und darauf kann sich der Fremde verlassen. Der Fremde war in dem Fall ich: ein armer Radfahrer aus Deutschland – unterwegs nach Ostasien.

Aus dem islamischen „Reich“ kenne ich den Spruch: „Der Fremde könnte von Gott gesandt sein.“ Und das ist hier, wie in den meisten islamischen Ländern, keine Phrase, sondern wird gelebt. Das macht ein Land sympathisch. Nicht die touristischen Sehenswürdigkeiten sind mir wichtig. Okay, die schaut man sich natürlich auch an. Aber es sind die Menschen. Wenn die Chemie mit den Einheimischen stimmt, macht das ganze Land Spaß und man behält es in guter Erinnerung. Es sind also immer die persönlichen Erlebnisse, die einem wie mir ein Land gut oder weniger gut erscheinen lassen.

Typisch war zum Beispiel ein Abend Anfang Mai (der dritte Reisetag hinter Istanbul, glaube ich). Da war, wie es eben so ist, abends der Tag zu Ende. Ich sah die Spitze einer kleinen Moschee hinter einem Hügel hervorlugen. „Dort muss ein Dorf sein“, dachte ich. Also runter von der vierspurigen Straße und auf holprigem Asphalt zum vermeintlichen Dorf. Ein Hinweisschild, etwa einen Kilometer vorher, wies die Siedlung als Karamustafa aus. Und tatsächlich, es waren ein paar Häuser zu sehen und die obligatorische Moschee fehlte auch

Meine Gastgeber in Karamustafa

nicht. Einige Bewohner standen vor der Wasserstelle in der Dorfmitte, wo die Traufe mit frischem Wasser gespeist wurde. Ich zeigte mein gelbes Zettelchen und sofort wurde ich bei einem Pärchen ins dahinterstehende Haus eingeladen. Wie abgesprochen. Mein Rad konnte ich unter das Dach der kleinen offenen Scheune stellen. Ich nahm meine Lenkertasche und die Kamera mit und ging ins Haus. Es gab Abendbrot und ein Bett. Alles ganz unkompliziert. Allerdings, so stellte ich im Gespräch, das wir mit einigen Mühen zustande brachten, fest, wohnen die beiden hier nur im Sommerhalbjahr. Es war das väterliche Anwesen des Mannes, der mir gegenübersaß. Nur wenige Menschen leben hier das ganze Jahr. Die meisten haben ihren Wohnsitz in den großen Städten. Wie zum Beispiel in Ankara, das quasi gleich um die Ecke lag.
Auch hier gibt es also eine massive Landflucht, ein Phänomen, das ich schon auf anderen Reisen mitbekam. Gerade die jungen Menschen wandern in die großen Städte und Metropolen ab. Und wären hier nicht die Sommerpendler, wie meine Gastgeber, so würde auch dieses Dorf dem Tod geweiht sein.

Das Backhandwerk hat in der Türkei eine lange Tradition

Ich spazierte mit dem Gastgeber noch ein wenig durch das nächtliche Dorf und genoss die frische Luft, die sich nur ein wenig abgekühlt hatte. Der Muezzin rief zum fünften Mal über die Lautsprecher, die über eine Telefonleitung zum Schwingen gebracht wurden. Er pries Allah als einzigen Gott und Mohammed als seinen Propheten, doch da war ich schon wieder im Haus und wenig später im Bett.

Beim Einschlafen gingen mir noch einmal die Bilder des Tages durch den Kopf. Dabei erinnerte ich mich an einen Eintrag eines Lesers meiner Internetseite: Er fragte, ob ich wirklich in die Türkei fahren will und ob ich weiß, was da los sei. Das mag vielleicht auf politischer Ebene zu bedenken sein. Aber ich bin Radfahrer, habe mit der großen Politik nichts zu tun, begegne den Menschen auf Augenhöhe. Denen ist die große Politik meistens auch egal. Sie wollen, wie fast jeder andere Erdenbürger auch, nur ein gutes Leben führen, glücklich sein und in Frieden die paar Erdentage genießen, die uns hier geschenkt werden. Irgendwann entschwanden die Gedanken und ich bewegte mich hinüber ins Reich der Träume. Ich schlief tief und gut.

Aber auch die Zeltplätze in freier Natur waren schön und ich fühlte mich sicher. Irgendwie wohltuend, wenn man sieben bis acht Stunden ruhig durchschlafen kann.

Eines Abends saß ich oberhalb der Straße zwischen kleinen Bäumen auf trockenem Rasen vor meinem Zelt. Ich hatte Abendbrot gegessen (Nudeln, was sonst …) und aß noch ein paar Datteln, trank einen Tee und genoss die Dämmerung. Die ersten Sterne kamen durch und blinkten am Firmament. Doch was war das? Ich spürte etwas kleines Hartes in meinem Mund. Mein erster Gedanke war: ein kleines Steinchen, das beim Verpacken der Datteln im Iran dazwischengeraten war. Dann glitt meine Zunge über die linke untere Zahnreihe und erspürte das Malheur. Eine Plombe hatte sich unerlaubt aus einem Backenzahn entfernt und hinterließ ein offenes Loch. „So ein Mist! Mitten in der Pampa und dann so was", dachte ich. Die Gedanken kreisten, wie und wo ich das wieder füllen lassen kann. Zu irgendeinem Dorfdoktor wollte ich auf keinen Fall. Versichert war ich, also checkte ich in Gedanken die nächsten tausend Kilometer ab, auf denen größere Städte lagen. Da kamen nur die Universitätsstadt Erzurum in Ostanatolien oder weiter im Osten die Hauptstadt Georgiens, Tiflis (Tbilissi), infrage. In den kommenden Tagen putzte ich meine Beißerchen besonders gründlich.

Je weiter ich nach Osten kam, desto instabiler wurde das Wetter. Angefangen hatte es mit harmlosen Wolken, dann kam ein Gewitter, das etwas Regen mit-

Letzter Tag für diesen erfolgreichen Studenten an der Universität in Erzurum

brachte. Aber beide Elemente schienen zu verschwinden. „Das wird nur ein kurzes Sommergewitter sein, das sich bald verzieht und morgen wird wieder die anatolische Sonne scheinen", dachte ich voller Hoffnung. Und auch Erfahrung, denn als ich 2006 den Sommer in der Türkei verradelte, hatte ich in zweieinhalb Monaten Reisezeit nur ein kurzes Gewitter in der Nähe des Berges Ararat. Das war's. Ansonsten Sonne satt.

Das Unwetter schien abzuziehen. Ich sah rechts neben der Straße ein weites Areal mit Büschen und großen, vom Weidevieh auf kurz getrimmten Wiesen. Ich schob das Rad über die Wiese zu einer flachen und halbwegs horizontalen Fläche. Dabei fingen meine Reifen an, die Mischung aus Gras und Schlamm zu sammeln. Die Schicht wurde immer dicker, bis schließlich nichts mehr ging. Das kannte ich nur zu gut von anderen Touren. Ganz extrem war es im Amazonasbecken auf der BR 319, einer verfallenen Straße voller Schlamm, südlich von Manaus in Brasilien. Damals war es eine tägliche Übung. An diesem Abend, so hoffte ich, war es eine einmalige Angelegenheit. Die letzten Meter bis zum Nachtlager musste ich das Rad dann schon tragen, weil sich beim Schieben die

Das Campen in der freien Natur ist immer wieder Abenteuer und Genuss zugleich

Räder nicht einen Zentimeter drehten. Auch die Traktion der Schuhe ließ sehr zu wünschen übrig. Sie waren komplett neu besohlt: mit einer dicken Schlammschicht von mehreren Zentimetern. „Pferd und Reiter" eierten langsam unter Einsatz der ganzen restlichen Kräfte, die der Tag noch übrig gelassen hatte, der horizontalen Stelle entgegen. Endlich geschafft. Ich baute mein Zelt auf der von Wasser durchdrängten Wiese auf.

Das Zelt stand und ich kramte meinen Benzinkocher heraus. Ich kochte mir Nudeln zum Abendessen, trank einen Tee und genehmigte mir zum Abschluss eine Dose Bier. Dann kroch ich in den Schlafsack und war schon fast weg, als ich es donnern hörte. Blitze zuckten in der Ferne. Es fing ganz leicht an zu tröppeln. Der Regen verstärkte sich schnell und wenig später blitzte und krachte es direkt über mir. Ich drückte mich an den Boden und bat den „Großen Geist des Universums" um Hilfe. Als gelernter Elektriker ging ich die Chancen des Überlebens durch. Einen faradayschen Käfig hatte ich theoretisch. Allerdings nur theoretisch: Das wären meine Zeltstangen. Die würden aber einem Blitzeinschlag nicht standhalten und könnten die Energie wahrscheinlich nicht ableiten.

Andererseits war da noch die Hochspannungsleitung, keine einhundert Meter entfernt von meinem Zelt. Die war nah und auch hoch genug, um dem Blitz zu „vermitteln", dass er doch bitte hier einschlagen solle. Das passte! Ich beruhigte

Wasserbeschaffung in einem anatolischen Dorf

mich und wenig später beruhigte sich auch das Unwetter. Alles verzog sich. Nur die Wiese war jetzt noch nasser. Doch das war egal. Wichtig war, dass ich noch gesund und munter in meinem Schlafsack lag. Er hatte mich erhört, der „Große Geist des Universums". Doch einschlafen konnte ich noch lange nicht.

Dieses Gewitter war der Auftakt. Die kommenden acht Tage sollte es reichlich Wasser von oben geben. Das zehrt an den Nerven und die Technik leidet auch immer sehr in der feuchten Luft. Zwischendurch, und leider viel zu selten, ließ sich die Sonne blicken. Aber insgesamt waren die letzten Tage in der Türkei (oder Ostanatolien) unerwarteterweise sehr unbeständig.

Im Osten der Türkei ist das Leben gegenüber dem Westen, sagen wir mal, noch ursprünglicher. Im Westteil Kleinasiens versuchte mich ein Mann nach Antalya und in die Touristenorte am Mittelmeer „umzuleiten". Das hatte ich auch schon 2006 erlebt. Man fragte mich, was ich im Osten will. „Die sind doch alle so rückständig." Aber, und das war auch auf dieser Reise so, Ostanatolien ist für mich viel interessanter: dünn besiedelt mit freundlichen Menschen, spektakuläre Landschaften mit weiten Blicken, große schneebedeckte Berge, ein wenig archaisch. Doch im Vergleich zu meiner ersten Tour hat sich mittlerweile Einiges verwestlicht. Das ist halt der Lauf der Zeit. Trotzdem leben die Menschen gerade in den kleineren Dörfern noch sehr einfach in Eintracht mit der Natur und ihren Tieren. Sie ernähren sich überwiegend autark und leben in einem starken Familienverbund. Oft wohnen drei Generationen unter einem Dach und teilen sich die Aufgaben. Anders geht das wahrscheinlich auch nicht. Ich hatte reichlich Gelegenheit, dieses Familienleben kennenzulernen.

Man darf da als Reisender auch nicht zu schüchtern sein, einfach mal in ein Dorf reinzufahren und zu versuchen, einen Zeltplatz im Dorf zu ergattern. Und es ist so gut wie sicher, dass irgendjemand dich ins Haus einlädt. Die Menschen sind nämlich auch neugierig und du bist eine willkommene Abwechslung zum allabendlichen Fernsehprogramm.

Wenn ich so die Berge hoch und runter, in die Dörfer und Städte rein und raus geradelt bin, habe ich viele historische Sachen gesehen. Das blieb hier auf keinen Fall aus. Ich sage immer: „In der Türkei hat jeder Stein Geschichte." Vor allem alte Gräber von wichtigen Persönlichkeiten aus der Geschichte des Islams kann man bestaunen. Manchmal ist es eine große Anlage. In historischen alten Städten ist so etwas oft zu finden. Auch Moscheen und Medresen (Koranschu-

Ein einsames Grab im Osten von Kleinasien

len), die fast tausend Jahre auf dem Buckel haben. Zum Beispiel die Çifte Minareli Medrese oder die Yakutiye Medrese in Erzurum.
Doch für mich waren die alten Karawansereien, die gut erhalten in der türkischen Landschaft stehen, interessant. Wenn ich vor solch einem Bauwerk stand, wurde ich daran erinnert, dass die Seidenstraße (der Begriff wurde erst im 19. Jahrhundert von einem Herrn Ferdinand Freiherr von Richthofen geprägt) auch hier entlangführte. Aber es war nicht eine Straße, wie es sich der Leser vielleicht jetzt vorstellt, sondern ein ganzes Netz von Handelsrouten, die Ostasien oder China mit der westlichen Welt, sprich Europa, verbanden. Und die Türkei lag auf der Strecke. Hier kamen die Handelskarawanen, meist beladene Kamele, an. Die Reisenden fanden hier Schutz vor Räubern und schlechtem Wetter und die Kamele Futter und Wasser.
Damals in der Antike und im Mittelalter war der Transport von Waren eine langsame Angelegenheit. Heute ist das alles viel schneller und hektischer geworden. Ich radelte nach Osten, war auch ein langsamer Reisender und konnte mich wenigstens ein wenig in die alte Zeit hineinversetzten, als das Reisen noch richtig beschwerlich war. Langsam näherte ich mich dem nächsten Land: Georgien. Einen letzten Höhepunkt in puncto Natur bildete der schöne Çıldır Gölü (Çıldır See) auf knapp zweitausend Metern Höhe. Eine kleine Asphaltstraße führte um dieses Gewässer herum. Von Bergen gesäumte Natur, immer mal wieder ein kleines Dorf. Am rechten Ufer kurbelte ich gemütlich und besonders langsam in Richtung Norden und wurde von jungen Leuten zum Picknick eingeladen.
Hier an diesem See war ich schon einmal auf meiner ersten Türkeidurchfahrung vor zwölf Jahren. Als ich so in wunderschöner Natur am Ufer saß, musste ich an eine E-Mail von meiner Mutter denken, die ich in Kars, einer Stadt ganz in der Nähe, abgerufen hatte: „Thomas, deine Schwester ist heute aus dem Leben geschieden." Der Gedanke trübte die schöne Stimmung. Verständlicherweise.
Ich rollte in den gleichnamigen Ort Çıldır ein, die letzte Siedlung auf türkischem Territorium. Ich kaufte ein paar Lebensmittel und besuchte zum letzten Mal eine typische Teestube. Dort blieb ich lange sitzen, trank einen Tee nach dem anderen. Aber zum Bezahlen kam ich nicht. Der Besitzer hatte Mitleid, denn draußen regnete es in Strömen. In dem Raum, nur von Männern besetzt, knisterte der kleine Blechofen. Meine letzten Stunden in der Türkei. Ich wurde etwas wehmütig. Das Wetter tat sein Übriges. Doch dann gab ich mir einen Ruck, zog meine Regenjacke über, bestieg meinen Nasreddin und nahm die letzten Kilometer in Erdoğans Reich in Angriff.

Kaukasus

Im Regen kämpfte ich mich den steilen Anstieg zum letzten Pass in der Türkei hoch. Sein Name war Mozeret Gesidi mit immerhin 2.159 Metern Höhe. Ich war innen vom Schwitzen und außen vom Regen vollkommen nass, hatte nur meine Fingerhandschuhe an. Beim Runterfahren hatte ich dann kein Gefühl mehr in den Fingern und fror erbärmlich. Dann tauchte in der Ferne ein riesiges helles Gebäude auf, die Grenze zu Georgien, ein Land, das für mich neu war. Ein wenig aufgeregt war ich schon, doch die gefühlte Nässe und damit verbundene Kälte ließen mich an Wärme denken, einen gut geheizten Raum, Sommersonne. Ich stand wenig später vor einer Glasscheibe. Es dauerte lange, ehe ich meinen Pass aus dem wasserdichten Ortlieb-Dokumentenbeutel hervorgekramt hatte. Die klammen Finger waren schuld.

Mir gegenüber saß ein Beamter der türkischen Regierung hinter der Glasscheibe, der mir einen Stempel in meinen Pass drückte. Ich schob ihm mein Tagebuch hin, lächelte und sagte „Souvenir“. Er zögerte, schließlich drückte er mir auch noch den Stempel dort hinein. Schnell klappte ich das Tagebuch zu und freute mich über eine solch seltene Trophäe. Ich kann mich nur an einen weiteren Stempel erinnern, den ich im Tagebuch hatte. Es war, glaube ich, unten auf Feuerland ganz im Süden Patagoniens, als mir ein gut gelaunter chilenischer Grenzer ebenfalls den Stempel ein zweites Mal verpasste.

Jetzt schob ich mein Rad weiter zu den georgischen Behörden. Ein neues Land bedeutet auch immer ein wenig Unsicherheit und Vorsicht. Man weiß ja nicht, wie die Leute ticken oder sich gegenüber Deutschen verhalten, wie ihre Mentalität ist. Doch alle negativen Gedanken lösten sich innerhalb von Minuten in Luft auf. Es gab keine Kontrolle, nur einen Stempel in den Pass, nicht jedoch ins Tagebuch. Lächelnde Beamte umgaben mich. Eine Uniformierte sagte zu mir: „Sie werden Georgien lieben.“ Ich tauschte noch schnell hundert türkische Lira in fünfundfünfzig georgische Lari, zog meine lange Radhose und einen Fleecepullover an und kullerte weiter, hinein nach Georgien und somit auch hinein in die Kaukasusregion. Es war das einhundertneunte Land, das ich in meinem kurzen, bescheidenen Erdendasein besuchen durfte.

Nach ein paar Kilometern tauchte das erste Dorf auf oder zumindest das, was davon übrig war. Sein Name war Kartsakhi. Verfallene Häuser unterbrochen von noch bewohnten. Schlamm und Kuhdung auf der Straße. Schlaglöcher. Meine Gedanken waren darauf gerichtet, ein „Magasin“, also einen Lebensmittel-

Das erste Dorf in Georgien machte einen schlimmen Eindruck auf mich

laden zu finden, um mich mit einem kleinen „Wolkenschieber", eine Art Notschnaps, aufzuwärmen. Drei Gestalten tauchten mitten auf der Straße auf. Ich kramte mein rudimentäres Russisch aus meinem „Oberstübchen" hervor und fragte nach einem Geschäft, in dem es auch Schnaps gäbe. Die Drei lachten und verwiesen mich zur nächsten Kurve. Jetzt sah ich es auch. Market stand da dran. Das Wort „Magasin" wurde noch bis Anfang der Neunziger verwendet. Da war Georgien noch Teil des Sowjetreiches, und Russisch war Amtssprache. Doch so ganz langsam löste sich das kleine Land, das nicht mal drei Millionen Einwohner hat, von der alten Zeit. Und tut es immer noch. Der ältere von den Dreien lud mich ein in sein Haus. Dort hatte er auch Schnaps, Selbstgebrannten, Samagon. Also trottete ich ihm hinterher und saß wenig später in der Wohnstube einer armenischen Familie. Armenier leben in diesem Gebiet sehr viele, erfuhr ich wenig später. In der Wohnstube stand eine alte Schrankwand, die mich an DDR-Zeiten erinnerte, eine runtergekommene Couch und der obligatorische Fernseher, der natürlich angeschaltet war. Es gab tatsächlich Samagon aus einer Plastikflasche, dazu noch reichlich Essen. Drei kleine Kinder grinsten mich

Meine erste Nacht in Georgien – hier beim Essen mit freundlichen Gastgebern

scheu an. Die Frau meines Gastgebers saß nicht mit am Tisch, sondern lieferte nur das Essen an denselbigen. Nach drei Gläsern wurde ich warm, doch irgendwie hatte ich das Gefühl, hier nicht bleiben zu können. Also verabschiedete ich mich von der netten armenischen Familie und stand im Regen. Ich fuhr aus dem Dorf mit den Gedanken, mein Zelt irgendwo aufstellen zu müssen. Aber schon bald tauchten zwei Ställe rechts der Straße auf. Ich meinte, Menschen zu sehen. Wenig später stand ich vor einem Milchbauern und fragte auf Russisch nach einem Platz für meinen Mini-Wigwam. Er deutete mir an, dass es kein Problem sei, aber so richtig verstand ich ihn nicht. Nun wartete ich geduldig, bis die drei Melker und die Melkerin mit ihrer Arbeit fertig waren und überschlug die Anzahl der Rindviecher. Ich kam auf hundert. Im Stall war es warm; es roch nach Stall, logischerweise. Noch Tage später haftete der Geruch an meinen Sachen.
Im Stall wärmten sich außerdem noch zwei Esel, ein Pferd, zwei Katzen und ein Hund die Glieder auf. Es war spät und mir wurde ein Platz für meinen getreuen Nasreddin zugewiesen. Ich konnte bei einem der Melker in der „Wohnung" eine

Noch ein paar Höhenmeter bis nach Tiflis

Couch beziehen. Ich sah zwei Sofas, einen Fernseher, einen wackligen Tisch und einen Blechofen. Dazu noch völlig verrußte Wände. Aber ich lag wenigstens im Trockenen. Am anderen Morgen stoppte der Regen für ein paar Stunden und ich begann mich so langsam der Hauptstadt Tiflis anzunähern. Es trennten mich nur noch zwei Tage von dieser Stadt.

Ich kämpfte mich bei Regenschauer, Wolken und auch Sonne durch eine fantastische Bergwelt mit Seen, Wäldern, kleinen Dörfern und uralten armenischen Kirchen. Nach etlichen Höhenmetern raste ich auf einer sich an einem Gebirgshang schlängelnden Straße hinunter, in die Metropole Georgiens, nach Tiflis. Ich muss zugeben, nach dem Auf und Ab im Gebirge sind das immer die schönen Momente, wo es auch schon mal kribbeln kann und die Brust ein wenig anschwillt, wenn man so eine lange Abfahrt absolviert und wieder ein großes Etappenziel erreicht hat.

Von Tiflis bastelte ich mir nur eine theoretische Vorstellung in meinem Kopf zusammen. Eine heruntergekommene Stadt aus Sowjetzeiten, bestehend aus lauter „Stalinbauten“ und Beton. Diese Vorstellung traf auch erst einmal zu, als ich die Hauptstraße, vorbei an alten Stalinbauten und Beton, hinunterrollte. Doch dann kam ich an den Fluss Kura, dem größten im Kaukasus. Dort stieß ich auf die Altstadt, die mich einfach nur umgehauen hat. Etwas verfallen, das gebe ich zu, aber mit schönen Sehenswürdigkeiten und einem lockeren Nachtleben, was man so nicht überall findet. Eine Superstelle, um die Gültigkeit meines Visums für Aserbaidschan abzuwarten. Elf Tage müsste ich hier verbringen, dann würde ich noch zwei Tage bis zur Grenze brauchen und würde genau am 25. Mai, wenn mein Visum gültig wäre, den aserbaidschanischen Stempel in den Pass bekommen. Also lohnte es sich, genau zu suchen und eine gemütliche, aber preiswerte Herberge zu finden. Und das ging dann auch schnell, denn in der Altstadt, um die Bethlehemstraße, findet man unzählige schöne Absteigen. Ich entschied mich für das Hostel „Namaste“. Mit „Namaste“ begrüßt man sich ja bekanntlich in Indien und irgendwie sprach mich der Name an, war ich doch

Auch Straßenmusikanten brauchen ab und zu eine Pause

auch schon fast ein halbes Jahr auf diesem Subkontinent unterwegs. Damals auf meiner Weltumrundung und mit dem Rad, versteht sich. Und umgerechnet sieben Euro pro Nacht waren auch noch im dunkelgrünen Bereich.
Gleich bei der Ankunft lernte ich Simon kennen. Derweil wurden meine Packtaschen von der Chefin persönlich mit Seifenwasser gereinigt, damit ich sie mit in den Schlafsaal nehmen durfte. Simon war Brite und bereiste die Welt schon seit fünfunddreißig Jahren. Wenn sein Geld ausgeht, fliegt er zurück und schuftet als Kurierfahrer. Dann geht es wieder in die Welt hinaus. Er bot mir einen Tee an und wir schnatterten lange. Ich war immer noch nicht geduscht. Aber manchmal gibt es eben wichtigere Dinge als Hygiene. Ein Freund von mir behauptet, dass Hygiene Aberglaube sei. Aber der Drang nach einer Ganzkörperwäsche ließ mich dann doch erst mal nach oben gehen und mich das fließend warme Wasser genießen.
In Tiflis wurde mir erst mal gar nicht langweilig. Ich hatte voll damit zu tun, meine beiden Internetseiten mit Informationen zu füttern und ein Päckchen vorzubereiten, das ein paar Tage später mit DHL nach Deutschland fliegen sollte. Darin waren Dinge, die wichtig waren, die ich aber auf der Tour nicht mehr benötigte, wie Kartenmaterial, Speicherkarten mit Videos und Fotos, Münzen der Länder, die ich schon abgehakt hatte usw. Dann war noch ein Artikel für die heimische Presse fällig und, ja, das war ja auch noch nicht erledigt – mein Backenzahn. Die Plombe war immer noch draußen und musste auf jeden Fall und schnellstmöglich ersetzt werden.
Unser Hostel war mehr als aufgeräumt und sauber. Das lag an einer hageren Frau, etwa in meinem Alter. Sie war jeden Tag da und stellte das Haus im wahrsten Sinne auf den Kopf. Wir kamen schnell ins Gespräch und es stellte sich heraus, dass ihr Mann Chirurg war und sie sich aus Langeweile hier betätigt, um mal rauszukommen. Ihr Mann war sogar schon in Deutschland in einer Klinik tätig gewesen. Bei mir „klingelte" es. Ich fragte, ob sie nicht einen guten Zahnarzt kennen würde, der sich meinen Zahn ansieht. „Kein Problem", sagte sie und drückte mir eine Visitenkarte von einer „Elite-Klinik" in die Hand. Sie rief sogleich „das beste Pferd im Stall" an, was es dort gab, einen Professor, und machte einen Termin für mich aus. Normalerweise gibt es hier lange Wartezeiten. „Wenn ich anrufe, geht's schnell", sagte sie zu mir und lächelte.
Zwei Tage später stand ich vor einem großen weißen Gebäude, der besagten „Elite"-Klinik, meldete mich an und wenig später war die Füllung wieder drin. Strahlend ging ich in mein Zuhause auf Zeit zurück, ins Hostel „Namaste".

Ein Obsthändler in Tbilissi

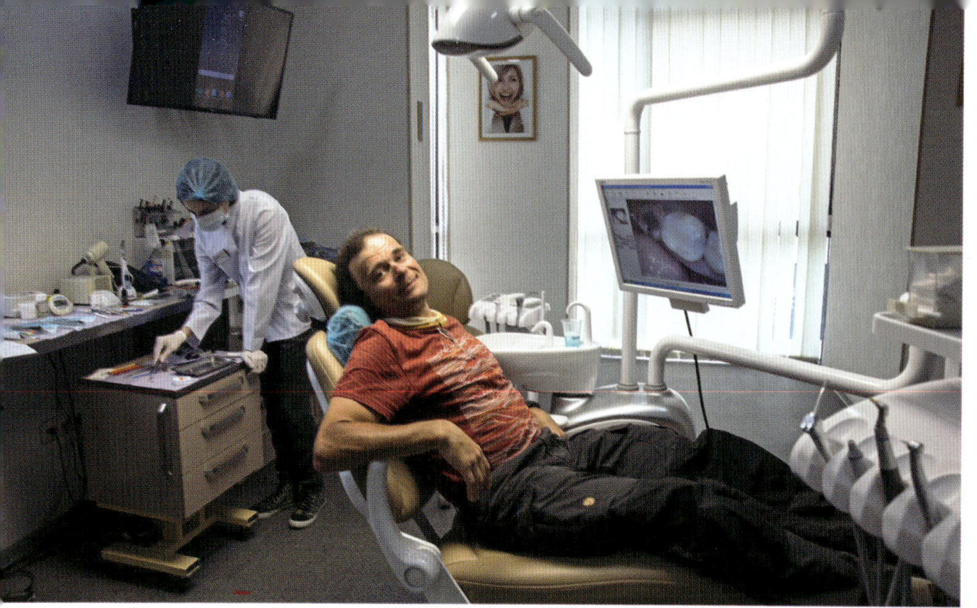

Zahnbehandlung in der „Elite-Klinik“

Simon war noch da, wollte aber in den nächsten Tagen nach Indien fliegen. Wir kamen irgendwie auf Armenien, das er auch bereist hatte. „Ein Visum brauchst du nicht für Armenien“, sagte er wie nebenbei. „Was kein Visum?“, dachte ich. Innerlich ärgerte ich mich schon. Ich hatte immer gedacht, für dieses Land benötigte man eins, war aber auch irgendwie zu faul gewesen, genauer zu recherchieren oder es war mir einfach weggerutscht. Es hätte eine bessere Möglichkeit gegeben, Tiflis zu erreichen, nämlich nicht am Çıldır-See überzutreten, sondern etwas weiter im Süden, über Armenien. Dann hätte ich ein Land mehr in meiner „Raupensammlung“ gehabt. Und wer weiß, ob ich hier noch mal herkomme und dann auch noch mit dem Rad.
Ich hakte die ganze Sache im Kopf ab. Aber so ganz klappte das nicht. Einen Tag später packte ich kurz entschlossen mein Rad und verschwand in Richtung Nachbarland. Die Grenze nach Armenien war nur achtzig Kilometer entfernt.

Im Land der alten Christen

Auf dem Weg zum ältesten christlichen Volk der Welt kam ich auf etwa der Hälfte zur armenischen Grenze in eine Stadt, die Marneuli hieß, und machte eine Pause vor einem Lebensmittelgeschäft. Die beiden Besitzer fragten, woher ich komme und wo ich hinwill. Ich gab ihnen gerne die Auskunft, dass ich aus Deutschland käme und wo ich schon überall geradelt bin. Auch dass ich jetzt nur mal für einen Tag nach Armenien fahre, um das Kloster Sanahin zu besuchen. Sie wünschten mir eine gute Fahrt und ich trat zur Grenze weiter in die Pedale. Ohne Probleme konnte ich sie passieren und fuhr entlang eines Tales. Die Berge wurden immer höher und ich kam in das Industrienest Alaverdi. Alte Fabriken, teilweise eingefallen, ein rauchender Schornstein, der das ganze Tal vernebelte. Doch eigentlich war das kein Schornstein im klassischen Sinne. Wahrscheinlich um Geld zu sparen, „klebte" man hier eine Betonröhre oder besser einen quadratischen Schacht aus Beton an den Berg. Das machte den Eindruck, als ob es aus der Spitze des Berges qualmte, wie bei einem Vulkan. Das hatte etwas Bizarres an sich. Aber die komplette Szenerie hier wirkte unheimlich, zumindest auf mich. Und hier soll es ein Kloster geben, das sogar zum Welterbe zählt? Alte Busse, die ich noch aus der Sowjetzeit in Erinnerung

Loch an Loch und hält doch – Fahrradfahren in Armenien

hatte, knatterten vorbei, immer mal wieder im löchrigen Asphalt ein Schlagloch umkreisend oder hineinkrachend. Menschen saßen scheinbar ohne Emotionen herum. Ich fragte nach der Poststelle, um einen Stempel für mein Tagebuch zu ergattern. Als ich den Raum betrat, kam ich mir wie in einer anderen Welt vor. Kein Computer stand hier herum. Zwei Angestellte saßen hinter einem schäbigen Tresen aus Holz, der schon lange keine Farbe mehr gesehen hatte, und warteten auf irgendetwas. Es roch muffig. Ich kam also in den Raum und die Gesichter erhellten sich etwas. Die Angestellten schienen froh zu sein, dass jetzt endlich etwas geschah.

Es passierte nicht viel: eine Briefmarke und einen Poststempel des Ortes mit Datum gab es natürlich. So dient das Tagebuch auch als Beweis, dass ich tatsächlich dort war.

Ich verschwand nach draußen und erkundigte mich nach dem Kloster. Man erklärte mir den Weg auf Russisch. Mehr als fünf Kilometer kurbelte ich mich auf einer extrem steilen Straße nach oben. Oben gab es eine kleine „Plattenbausiedlung“, das heißt Neubaublöcke in sowjetischer „Baukunst“. Wobei das Wort Neubaublöcke etwas irritierend wirkt. Es waren alte verfallene Betonklötze mit Fenstern, aus denen hin und wieder ein Ofenrohr lugte. Aber die Satellitenschüssel klebte an jedem Balkon. Ja, die „Glotze“ hat auch hier den obersten Stellenwert. Ich trat weiter. Es wurde flacher. Die Straßen wurden von gelben Leitungen eingerahmt. Das sind die Gasleitungen, die man nicht nur hier einfach oberirdisch verlegte. Das ist billiger, und wenn es mal ein Loch gibt, aus dem das Gas ausströmt, so ist es auch leichter zu finden und zu flicken. Alles ganz praktisch. Da würde es in meiner Heimat einen Volksaufstand geben. Aber hier stört sich niemand dran, wie es scheint. Die Menschen haben hier andere Sorgen.

Noch ein paar Höhenmeter weiter stieß ich auf ein paar Souvenirbuden und gleich dahinter war dann das Kloster. Der Tag neigte sich dem Ende zu und ich hatte noch keinen Platz für die Nacht. Ich fragte bei den Damen, die versuchten Andenken zu verkaufen. Ich schien der einzige Besucher zu sein und hatte Glück: „Da ist eine Wiese direkt vor dem alten Kloster. Da kannst du dich hinstellen“, sagte eine der Frauen. Ich schob mein Rad auf das Gelände und baute wirklich direkt vor historischer Kulisse auf, vor dem Kloster Sanahin. Das Kloster selbst ist nicht mehr von Nonnen oder Mönchen bewohnt. Es existieren nur noch die Steinbauten. Das Kloster wurde schon Mitte des 10. Jahrhunderts gegründet, was für Armenien nichts Ungewöhnliches ist. Als die „Goldene

Im 966 gegründeten Kloster Sanahin

Horde" – also die Mongolen – kamen, wurde es aufgegeben. So lange schweigt es schon in diesen Mauern. In Sichtweite und ein paar Kilometer entfernt existiert noch ein heiliger Bau: das Kloster Haghpat. Doch das habe ich mir verkniffen, weil ich wieder etliche Kilometer steile Straße hochgemusst hätte. Und außerdem war das Kloster Sanahin das ältere der beiden.

So saß ich also in den letzten Strahlen der Abendsonne, baute meine Videokamera auf, setzte mich vors Zelt und interviewte mich praktisch selbst. Das tat ich öfter mal. Ich war so in die Arbeit vertieft, dass ich gar nicht merkte, wie mich ein älteres Pärchen aus Österreich, jedenfalls aus dem deutschsprachigen Raum beäugte. Als ich fertig war, gaben sie sich schmunzelnd zu erkennen. Die beiden waren in der Vergangenheit auch viel gereist und jetzt gerade wieder mit dem Wohnmobil auf zwei Achsen unterwegs. Es gab ein gutes kurzes Gespräch und sie verschwanden wieder. Ich schmiss meinen Benzinkocher an und kochte Tee und Nudeln zum Abendessen.

In einem typischen Kaufladen Armeniens

FUMA JAPAN
36 CM
DIE CAST GRANITE
FUMA JAPAN CORPORATION, OSAKA-JAPAN
MENDELEEV
Ararat
800 550 550 550 600 450 450 450 370 350 420 370 400 400 350 370
300 370 370 340 330 320 320 320
320

Armenier grüßten mich vom Straßenrand

Als krönender Abschluss eines schönen Tages ließ sich noch ganz zart der Neumond blicken. Die Nacht verlief ruhig und ohne Störungen. Ausgeschlafen trat ich den Rückweg an und folgte genau dem Weg, den ich gekommen war, rollte hinunter zur Hauptstraße, dann raus aus dem Tal zur Grenze und dann wieder in den Ort Marneuli, in dem ich auch wieder vor demselben Laden haltmachte wie auf dem Hinweg. Wieder unterhielten wir uns, die Geschäftsinhaber und ich. Wie beiläufig erfuhr ich, als ich ihnen meinen Reiseplan erläuterte, dass ich mit einem armenischen Stempel nicht nach Aserbaidschan einreisen kann. Ich schluckte und es schnürte mir die Kehle zu. Sollte ich mit diesem einen Tag in Armenien meine ganze Reise aufs Spiel gesetzt haben?

Und ich erinnerte mich an die Probleme, die beide Länder miteinander hatten. Es gab ja einen Krieg mit vielen Toten. Dann das Gebiet „Bergkarabach". Alles ein einziges Pulverfass und sehr unübersichtlich. Der Zerfall der Sowjetunion hat für viele ehemalige Sowjetrepubliken wie Armenien und Aserbaid-

schan nicht nur Segen gebracht. Ähnlich wie im ehemaligen Jugoslawien ist hier manches aus dem Ruder gelaufen, als sich die starke Hand von Tito und in diesem Fall die der Sowjets zurückzog.
Ich versuchte diese Gedanken wegzuschieben und rollte erst mal weiter nach Tiflis, wo ich mich noch einmal für fünf Tage ins Hostel „Namaste" einquartierte. Doch schon wenige Tage später sollte es ernst werden.

Armenischer Kognak und Öl

Die letzten Tage in Tiflis vergingen wie im Flug. Ich erinnerte mich schon auf den ersten Kilometern an die Worte der Ladenbesitzer in Marneuli und mir wurde bange, ob jetzt an der Grenze zum nächsten Land schon die Reise zu Ende geht oder ein Plan B mit vielen Kompromissen herhalten muss. Noch im Stadtgebiet fiel mir ein-, zweihundert Meter vor mir ein bepacktes Rad mit einem Mann mit Helm auf. Schnell hatte ich ihn ein. Es war ein Holländer. Wir unterhielten uns, soweit es der Verkehr zuließ. Er wollte auch nach China und hatte sein Visum in Tiflis erworben. Ganze neunzig Tage hatte er Aufenthalt bekommen. Erstaunt und ein wenig neidisch bat ich noch einmal um Bestätigung. „Ja, das war kein Problem. Neunzig Tage kann ich mich dort aufhalten." Ich verstand die Welt nicht mehr. Mit viel Aufwand und viel Geld hatte ich mir über die Agentur in Frankfurt das China-Visum besorgt und bekam nur zweimal dreißig Tage. Was das für Probleme bereitete, dazu komme ich später noch. Doch er hielt irgendwann an und sagte: „Ich liebe Erdnussbutter und versuche in dem großen Supermarkt welche zu bekommen." Er zeigte auf einen riesigen „Betonkasten". Ich hatte irgendwie das Gefühl, dass ich jetzt wieder allein weiterfahren soll. „Na, dann sehen wir uns irgendwann und irgendwo auf der Strecke", sagte ich zu ihm auf Englisch, verabschiedete mich und verschwand in Richtung Osten. Die Straße war halbwegs gut fahrbar, etwas hügelig, doch kam ich gut voran. Die geplante Route von Tiflis nach Baku, der Hauptstadt Aserbaidschans, ist etwas über fünfhundert Kilometer lang und führte mich entlang des Kaukasus zum Ufer des Kaspischen Meeres.
Nach einem kilometerreichen letzten vollen „Arbeitstag" in Georgien kam ich auf stolze hundertneununddreißig Kilometer. Und rechts neben mir stieß ich auf eine Baumschule. Ich bog von der Straße ab und stand plötzlich vor einer

Gruppe Arbeiter und einer mehr als beleibten Frau, die in einem alten Mercedes saß. Es war die Chefin. Als sie ausstieg, entspannten sich die Federn des Fahrzeuges gewaltig. Ich zeigte ihr mein kleines gelbes Zettelchen. Sie verstand und wies mir zuerst einen Platz im Raum des Vorarbeiters zu, der hier auch die Nacht verbrachte. Das Zimmer wurde von mir inspiziert. „Viel zu warm", dachte ich und bat darum, auf der Wiese zelten zu dürfen, an frischer Luft. Die Leute schauten sich ein wenig verwundert an und ein wenig später stand das kleine Ein-Mann-Zelt auf gutem Rasen in Hausnähe. Ein großer weißer Hund gesellte sich noch kurzzeitig zu mir und genoss die Krauleinheiten, die ich ihm verpasste. Die Welt war in Ordnung – ich hatte einen schönen und sicheren Platz für die Nacht.
Als ich vor dem Zelt saß und mein Kochritual starten wollte, kam der Vorarbeiter zu mir. Wir waren jetzt nur noch zu zweit. „Warte noch. Ich hole was zum Essen. Du bist eingeladen." Nach einer halben Stunde winkte er mich ins Haus und wir saßen an einem wackligen Tisch, auf dem leckere Speisen aufge-

Straßenszene in Armenien

tafelt waren. Er entschuldigte sich, dass es kein gegrilltes Fleisch gab. Er hätte nicht mit mir gerechnet. Eine Flasche, die mich irritierte, stand noch auf dem Tisch. In der Halbliter-Glasflasche war eine klare Flüssigkeit zu sehen …, aber das Schild wies darauf hin, dass es sich um Fruchtsaft handle. Mit einem stolzen Lächeln auf dem Gesicht verkündete er mir, dass es sich um „Damaschnoe" handle. Also hatte er ihn von zu Hause und es war Wodka oder besser Samagon, was die russische Bezeichnung für Selbstgebrannten ist. Er war ein Traditionalist und pflegte eine Trinkkultur, die ich aus Russland kenne. Da wird nicht einfach so das Zeug hintergeschüttet, sondern bei jeder Trinkrunde steht man auf und sagt einen Trinkspruch. Jeder von uns beiden war abwechselnd dran. Doch als ich das erste Glas geschluckt hatte, brannte es bis in den Magen. Schnell biss ich auf ein Stück Gurke und schlang etwas Brot hinunter. Das hilft meistens. Hier nur bedingt. Er tat dasselbe. Mit heiserer Stimme fragte ich ihn, wie viel Prozent das Zeug denn hätte. „Mindestens sechzig", meinte er grinsend und schenkte schon das nächste Glas ein. Ich wusste, dass wir die Flasche austrinken würden.

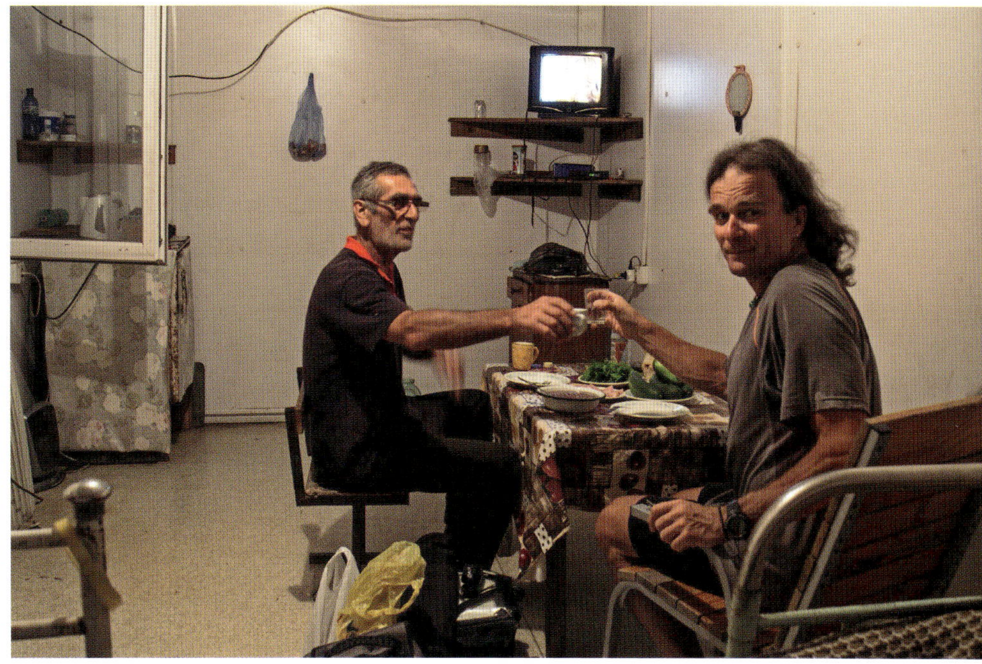

Ich genieße „sechzigprozentige" Gastfreundschaft

Finstere Gesichter in einem Mahnmal in Aserbaidschan ...

Vorher wäre nicht Schluss, und genauso war es auch. Er brachte mich noch zum Zelt, überzeugte sich, dass alles in Ordnung war. Ich machte den Reißverschluss zu und schlief wie ein Stein.

Mit etwas schwerem Kopf erreichte ich die Grenze am anderen Mittag. Direkt davor war auf einem großen blauen Schild, das über der Straße schwebte, zu lesen: „Azerbaijan Border. Good Luck." Und das brauchte ich auch, dachte ich doch voller Angst an die Stempel der Armenier im Pass. Ich stempelte bei den Georgiern ohne Stress und Probleme aus. Dann stand ich vor einem riesigen, verschlossenen Tor. Es wurde aufgeschlossen und nur einen Spalt weit geöffnet, sodass ich gerade durchkonnte. Dann krachte es quietschend wieder zu und ich rollte mit weichen Knien in das für mich neue Land auf den Beamten zu. Ein etwas untersetzter Mann empfing mich. Er machte einen freundlichen und sympathischen Eindruck. Er sah sich meinen Pass genau an. Ich musste alle Packtaschen abhängen, auf das schwarze Band einer großen Röntgenmaschine legen und konnte sie aber schnell wieder anhängen. Es wurde nichts Verdächtiges gesehen. Ob der Beamte wohl meine armenischen Stempel schon gesehen hat? Die Gedanken kreisten und ich hatte immer noch weiche Knie. „Na, haben wir armenischen Cognac im Gepäck?", fragte er verschmitzt schmunzelnd. Ich überlegte und kam relativ schnell drauf. Ob ich in Armenien war, lautete die Über-

... freundlich blickende dagegen im realen Leben

setzung. Jetzt wurde es ernst. Er konnte es ja in meinem Pass sehen. Also gab ich ihm eine ehrliche Antwort, vermittelte ihm, dass ich nur für einen Tag dort war, um mir das Weltkulturerbe-Kloster Sanahin anzuschauen. Ernst schaute er sich noch einmal mein Reisedokument an. Ich legte ihm meine Karte vor, auf der ich meine Strecke, wichtige Daten und die Nächte markiert hatte. Jetzt zog ich alle Register, holte noch mein Empfehlungsschreiben aus meiner vorderen rechten Packtasche und legte es ihm auf den Tisch.

Ich habe auf jeder großen Reise so ein Schreiben mit. Dort steht in den wichtigsten Sprachen, hier war es Deutsch, Englisch, Russisch und natürlich auch im feinsten Chinesisch, dass ich Bürger der Stadt Bitterfeld-Wolfen bin, und auf der Seidenstraße mit meinem Rad nach Xi'an in China fahren will. Außerdem, dass ich mit der Reise zur Völkerverständigung und dem friedlichen Miteinander der Nationen beitragen möchte und, wenn es nötig sei, mir Hilfe zuteil kommen sollte.

Das ist immer so ein „Trumpf im Ärmel" wie Rüdiger Nehberg, unser Überlebenskünstler aus Hamburg, zu sagen pflegt.

Mein Zöllner sah sich das alles an und befand, dass der Radler aus Deutschland einreisen darf. Er knallte mir den Stempel in den Pass. Mir fiel ein Stein vom Herzen. Ich bedankte mich, stieg auf meinen Drahtesel und rollte weiter, raus

aus der Grenzstation, auf neuem Asphalt hinunter und hinein in den restlichen Tag, der wieder viel zu heiß war. Die Sonne knallte von oben auf unser Duo herab.
Immer noch am Fuß des Kaukasus unterwegs, mit Bergen, die zum Teil spektakulär waren und immer mal eine Schneekappe trugen, kam ich in die erste Stadt. Dort holte ich mir wieder einen Stempel von der Post, tauschte etwas Geld auf der Bank und checkte die Lebensmittelpreise. Alles war im grünen Bereich. Ich atmete auf.
Dieses Land machte einen solideren Eindruck als Armenien. Man konnte es mit Georgien vergleichen, aber dieser Eindruck ist auch eher subjektiv. Nur läuteten hier weniger die Kirchenglocken, eher pries der Muezzin von einer Moschee die Größe Allahs. Doch der Islam, so stellte ich im Laufe meines Aufenthalts hier fest, wird nicht so streng gesehen. Das liegt wahrscheinlich an den siebzig Jahren Sowjetzeit, die auch hier ihre Spuren hinterlassen hat. Eigentlich ist es in Deutschland ähnlich. Wir sind ein eher christliches Land, aber kaum jemand geht noch regelmäßig in die Kirche oder betet täglich zum Gott der Bibel. Im Osten meines Heimatlandes ist das besonders ausgeprägt. Hier hatte letztlich die Sowjetunion auch ihre Finger im Spiel.
Vor allem der Umgang mit Alkohol ist aus meiner Sicht als Mitteleuropäer völlig normal. Überall Geschäfte mit Schnaps, Bier und Wein. Und ab und zu mal ein erfrischendes und auch etwas betäubendes Bierchen ist für mich, vor allem wenn es heiß ist, unerlässlich. Dazu stehe ich auch und habe damit überhaupt keine Probleme.
Es stellte sich heraus, dass der Asphalt nur ein guter erster Eindruck war. Ein paar Kilometer weiter holperten Nasreddin und ich wieder über eine „normale" Straßendecke weiter nach Osten, weiter dem Kaspischen Meer entgegen, weiter in Richtung Hauptstadt Baku.
Immer die Berge des Kaukasus' im Blick, besuchte ich interessante Orte wie die Stadt Şəki. Dort gibt es mehrerer Karawansereien und einen wunderschönen Khanspalast. In der Nacht wurde ich von einem schweren Gewitter und furchtbar viel Wasser auf dem Zeltplatz heimgesucht, musste ein paar steile Rampen im Regen meistern und erreichte schließlich mit Rückenwind Baku.
Die Gegend in Baku ist durch immer noch reiche Ölvorkommen bekannt, die schon seit dem 19. Jahrhundert ausgebeutet werden. Das bekommt man schon mit, wenn man sich der Stadt nähert. Überall Bohrtürme und die typischen Pumpen mit den eigenartigen Gestellen, die auf und ab wippen.

Selbst mitten in den Wohngebieten zwischen den Häusern bewegen sie sich. Ein skurriles Bild.

Öl ist ja immer noch das Schmiermittel des Kapitalismus und nach wie vor sehr begehrt. Geschichtlich betrachtet war es immer schon so. Die Wehrmacht im Zweiten Weltkrieg hatte auch den Auftrag, sich bis an die Ölfelder um Baku herum vorzuschießen, doch bei Stalingrad hatte sich die Sache dann erledigt. Und wie die Geschichte ausging, dürfte jedem Leser vertraut sein.

Ansonsten ist Baku auch bekannt durch die Formel-1-Rennen, die in der Innenstadt regelmäßig stattfinden. Auch wenn ich mich für so etwas nicht interessiere. Und tatsächlich sah ich noch überall im Stadtgebiet die Banden aus Beton mit Werbung, die Fahrer und Zuschauer schützen sollen. Lange suchte ich nach einem preiswerten Bett und fand es erst hinter den mittelalterlichen Mauern der Altstadt, die ebenfalls zum Weltkulturerbe zählen. Doch irgendwie war ich hier der einzige Europäer und fühlte mich nicht so richtig in Familie. Nach ein paar Tagen zog ich ins preiswerte und voller Leben steckende „Cheeky Carabao"-

Baku besitzt auch eine Metro

Mit dem BMX-Rad zur Weltmeisterschaft in Baku

Hostel um. Hier ging die Post ab. Für nur vier Euro kann man ein Bett im Schlafsaal ergattern und sich mit Reisenden aus aller Welt austauschen. Darunter war zum Beispiel ein Inder, der zu der Fußballweltmeisterschaft in Russland radelte, ein BMX-Radfahrer als Teilnehmer der BMX-WM, die gerade stattfand, eine allein reisende Iranerin und dann war da noch Maik aus Trier. Maik lernte ich vor der usbekischen Botschaft kennen. Er wartete auch mit seinem Rad davor, bis die Tür geöffnet wurde. Mein Visum hatte ich ja schon, wollte aber das Einreisedatum etwas vorziehen, nämlich genau um zehn Tage. In Baku musste ich zu lange warten und die Zeit hätte mir dann eventuell später gefehlt. Am Ende musste ich ein neues Visum beantragen, was kein Problem war, mich aber um die fünfzig Euro kostete.

Ja, auf dieser Reise war alles ein wenig kompliziert. Und das sollte noch nicht alles sein …

Jedenfalls standen Maik und ich vor der Botschaft und kamen sehr schnell ins Gespräch. Er gab mir den Tipp mit dem Hostel. Die restlichen Tage vergingen trotz Wartens auf das Visum wie im Flug. Sehenswürdigkeiten wie der brennende Berg oder der Tempel der Feueranbeter ließen die Zeit schnell verstreichen. Party, Tischtennis spielen, Kino im Hostel und gute Gespräche taten ihr Übriges. Als ehemaliger Fahrradmechaniker bot ich mich an, Maiks Hinterradnabe zu wechseln. Er hatte massive Probleme mit der alten und wir ergatterten in einem Sportgeschäft eine neue und bessere. Also speichte ich auf dem Balkon des Hostels bei Tee und Sonne die Nabe um. Maik bedankte sich nicht nur einmal für meine Hilfe.

Doch jetzt zurück zur Strecke und zu Wunsch und Wirklichkeit. Und hier blieb es mehr als spannend.

Drei „Reiter" in der Steppe

Als ich in Deutschland losfuhr, hatte ich nur drei von vier Visa sicher, das chinesische, das aserbaidschanische und das usbekische. Doch es gab noch ein Land, das extreme Schwierigkeiten bereitet: Turkmenistan. Nach langem gedanklichem Abwägen und Rücksprache mit dem Visa-Büro in Frankfurt habe ich mich zu diesem Zeitpunkt endgültig entschieden, nicht durch dieses Land zu reisen. Turkmenistan ist eines der repressivsten Länder auf dem Globus, kommt gleich nach Nordkorea und Eritrea. Und mit viel Glück bekommt man hier nur ein Durchreisevisum für fünf Tage. Doch die Distanz vom Fährhafen in Türkmenbaşy bis zur usbekischen Grenze betrug tausendzweihundert Kilometer. Definitiv nicht zu machen. Ich gab auf, was selten der Fall ist. Schön ist, wenn es dann noch einen Plan B gibt und ich, wie in diesem Fall, auf das Nachbarland Kasachstan ausweichen kann. Das tat ich dann auch. Mit Maik radelte ich an einem Dienstagmorgen hoch auf die westlichen Hügel der Stadt. Dort befindet sich in einer Seitenstraße die Botschaft. Es klappte: Ich konnte zehn Tage eher ins Land! Auch Maik hatte seinen blauen Aufkleber im Pass. Und los ging's! Maik und ich hatten erst mal dasselbe Ziel. Was liegt also näher, als sich gemeinsam weiter nach Osten zu schlagen.

Die Fähre verlässt schon seit Jahren nicht mehr Baku – das wäre zu schön gewesen, sondern der neue Fährhafen heißt Alat und liegt achtzig Kilometer südlich der Hauptstadt. Wir starteten noch am selben Tag um die Mittagszeit und rollten relativ schnell runter zum Hafen, vorbei an großen Ölfeldern. Die Fähre

Das Kaspische Meer ließ mich nicht unbeeindruckt

hat keinen festen Fahrplan. Es ist ein Schiff, das eigentlich für den Transport von Gütern zuständig ist und auch Lkws samt Fahrer transportiert. Man fährt runter, postiert sich davor im Freien und wartet, was passiert. Es gibt Reiseberichte, wo Radler tagelang dort rumlungern mussten. Doch bei uns war es anders. Wir hatten riesiges Glück und konnten noch in derselben Nacht aufs Boot. In der Morgendämmerung vervielfachte der Schiffsdiesel seine Umdrehungszahl und wir entfernten uns von Aserbaidschan. Wir trafen vor dem Hafen auf einen dritten Radler. Er versuchte ein paar Stunden zu schlafen, baute sein Zelt auf und verkrümelte sich darin. Doch auf dem Boot, was übrigens in einem erbärmlichen Zustand war, kamen wir drei ins Gespräch und auch irgendwie zusammen. Uns wurden sogar drei Malzeiten und ein Frühstück serviert. Alles im Preis von achtzig US-Dollar inbegriffen! Dafür lagen wir in der Nähe des Maschinenraumes und kein Lüftchen bewegte sich, auch der Lüfter nicht. Gerade mal eine Lampe, die eher für eine dunkle Ecke als Beleuchtung geeignet wäre, konnte man anschalten. Da hoffte man, dass wenigstens die Navigation, Ruder und Maschinen noch durchhielten. Wir schwitzten uns sozusagen durch die Nacht. Aus purer

Langeweile unternahm ich Rundgänge an Bord und dabei stellte ich fest, dass die ganze Heckklappe offen war und waagerecht in der Luft stand. Ein mulmiges Gefühl hatte ich bei diesem Anblick schon. „Alles Teil des Abenteuers", dachte ich und setzte meinen Gang fort. Die Fähre mit dem Namen „Professor Gul" hatte schon einige Jahre auf dem Buckel und, wie ich von einem jungen Lasterfahrer aus der Ukraine erfuhr, war vor Jahren schon auf dem Schwarzen Meer im Einsatz. Ich kann schon vorwegnehmen: Wir sanken nicht.
Einen Tag und eine Nacht dauerte die Seereise über das Kaspische Meer. Dann war es geschafft. Wir legten am neuen Hafen in Aktau an und waren in Kasachstan. Doch ehe wir Land betreten durften, vergingen noch einige Stunden.
Alle mussten im Empfang antreten, in zwei Reihen, sich gegenüberstehend, das Gepäck vor sich liegend. Dann kamen mit harten, ernsten Gesichtern in Tarnuniformen steckende Grenzsoldaten und ein Schäferhund an Bord. Der Vierbeiner wurde von der Leine gelassen und schnüffelte begierig an uns Passagieren und Gepäckstücken herum. Ich vermutete, dass die Nase des Hundes auf Drogen trainiert worden war.
Er schnüffelte lange an allen Sachen, lief ein paar Runden um zwei Fahrradtaschen des Radfahrers aus England. Dave war sein Name, ein vierundfünfzigjähriger Familienvater aus dem Norden Englands, der immer mal von seiner Frau ein paar Monate freibekommt und die Zeit für die Fernradtouristik nutzt.
Dave kam sichtlich ins Schwitzen und berichtete mir später, dass er in Gedanken den Hund fortscheuchte. Hätte er es tatsächlich auf dem Schiff gemacht, wäre er fällig gewesen. So verlief die erste Runde der Durchsuchung ohne Erfolg für die Grenzer. Wir durften das Schiff verlassen und wurden in Etappen mit einem Toyota-Kleinbus ein paar Hundert Meter weiter zur Passkontrolle gefahren. Den Weg zurück mussten wir laufen. Jetzt erst durften wir zu den Fahrzeugen. Irgendetwas stimmte nicht mit den Papieren der motorisierten Passagiere. Alle mussten stundenlang warten, auch wir armen Radfahrer. Ich versuchte zu erklären, dass wir doch nur Räder hätten und wurde mit einer strengen Handbewegung zurück zu den Wartenden verwiesen. Dann endlich durften wir runter. Aber nur vom Schiff. Die drei Radfahrer, Dave aus England, Maik aus Trier und meine Wenigkeit standen schon am Ausgang des Hafens am Schlagbaum. Doch wir kamen nicht raus. Wieder mussten wir zurück zu einem staubigen Platz auf dem Hafengelände. Wieder warten. Und das sind Übungen, die mir gar nicht liegen. In Gedanken war ich schon wieder beim Kurbeln, vor mir lag schon die kasachische Steppe … Ich wurde unruhig und langsam nervös. Ja, da habe ich

Spiel und Spaß auf dem Gehweg in Aktau

Defizite, das gebe ich zu. Noch einmal kam jetzt das Drogenhündchen und beschnüffelte uns drei samt Rädern.

Wir mussten wieder die Packtaschen öffnen. Ich war als Letzter dran; der junge Soldat schien sichtlich gelangweilt und die Kontrolle war entsprechend lasch. Jetzt erst rollten die drei Reiter mit ihren bepackten Drahteseln hinaus in die kasachische Freiheit, hinaus in den heißen, staubigen Wind nach Aktau. Nach langem Suchen quartierten wir uns in eine billige „Gostiniza“, eine Pension in Form eines Neubaublocks ein.

Einen Tag und zwei Nächte weilten wir in der Stadt, deren Ufer am See (Kaspisches Meer) zurzeit achtundzwanzig Meter unter dem Meeresspiegel liegen. Das heißt, dass sich auch hier der Wasserspiegel um etwa sieben Zentimeter pro Jahr senkt. Also gibt es Probleme. Unsere Probleme bestanden jetzt erst einmal darin, die langen und wasserarmen Straßen durch die heiße Steppe zu meistern. Wir kauften kräftig ein und jeder füllte seine Wasservorräte am Tag des Aufbruchs auf. Bei mir sind das neun Liter plus vier. Ich habe zwei Anderthalb-

Das obligatorische Gebet vor dem Abendessen in Kasachstan

liter-Flaschen in den Haltern im Rahmen und einen Sechsliter-Kanister vorn auf dem kleinen Gepäckträger über dem Vorderrad. Zusätzlich kann ich noch einen Vierliter-Wassersack hinten aufs Rad schnallen. Neun Liter sollten genug sein, so war meine richtige Einschätzung.
In den letzten Jahren hat sich hier in Kasachstan viel getan. Erst einmal wurden die Einreisebestimmungen liberalisiert. Von meiner Wladiwostok-Reise im Jahre 2010 hatte ich noch einen Aufkleber (Visum) von der Botschaft auf den vorderen Seiten kleben. Heute benötigt ein deutscher Staatsbürger keinen dieser Aufkleber mehr und kann sich bis zu dreißig Tage frei bewegen. Dann wurde, und das war sehr angenehm für uns, die ehemalige Staubpiste in eine glatte, makellose Asphaltstraße verwandelt. Das spart nicht nur Kraft, auch bleibt der Reisende hier sauberer und spart Wasser. Die knapp fünfhundert Kilometer bis zur Hauptroute der nördlichen Seidenstraße und dem Nest Beineu waren schnell in den Waden. Der Gesprächsstoff abends an den schönen Lagerplätzen in der Steppe ging uns auch nicht aus. Dave zum Beispiel war bei der englischen Navy

Verwirrende Vielfalt auf dem Markt von Beineu

Drei „Reiter" in der Steppe

und bereits pensioniert. Als ganz kleiner „Pimpf" war er im Falklandkrieg mit von der Partie, den England und Argentinien in den Achtzigern führten.
Wir sahen Kamele auf der Straße, kamen mit Viehzüchtern in Kontakt, wurden zum Essen eingeladen und hatten eine gute Zeit als die drei „Reiter" in der Steppe. Dreimal das Zelt auf- und auch wieder abgebaut, vier Fahrtage und dann saßen wir wieder in einem klimatisierten Raum eines Hotels in Beineu an der legendären Seidenstraße.

Usbekistan und Gastfreundschaft

An einem heißen und windigen Tag erreichten die drei Reiter der Steppe das kleine Nest Beineu, quartierten sich wie gehabt in einem Hotel ein und hatten wieder etwas Zeit.
Unsere drei Visa hatten jeweils verschiedene Einreisedaten. Maik konnte zuerst (am 12. Juni) einreisen, dann war ich am 15. Juni dran und einen Tag später konnte Dave einreisen. In den Tagen zuvor hatte ich ja Zeit nachzudenken, wie ich weiterreisen wollte, ob allein oder weiter im Trio. Doch als wir drei so in

dem klimatisierten Zimmer lagen, wurde es mir klar und die Entscheidung fiel mir dann auch nicht schwer. Es ist zwar schön mit jemanden zu reisen, aber, wie im Vorwort schon erwähnt, hat das Alleine-Reisen auch seine Vorteile. Dazu kam noch, dass die beiden ständig auf ihre Handys starrten und alle Foren zum Thema Reisen in Zentralasien durchforsteten. Sie waren in Gedanken schon in Tadschikistan, radelten durch dunkle Tunnel und über Bergpässe. Sie waren gedanklich gar nicht mehr in Kasachstan, in Beineu an der nördlichen Seidenstraße. Ich dagegen suche nur die nötigsten Infos aus dem Netz, lasse die Dinge auf mich zukommen. So machte sich gerade Maik verrückt und sagte mir, dass die usbekische Grenze „fast nicht zu überwinden sei", weil es die fürchterlichsten Kontrollen gebe, weil einem die Medikamente weggenommen werden und andere Horrorgeschichten zu berichten seien. Ich entschied mich aber, meinen Reisestil, auch dem im Kopf, beizubehalten und fuhr allein weiter, erst einmal zur Grenze, mit sehr weichen Knien natürlich. Die Piste bis dahin war fürchterlich. Mein Nasreddin wurde durchgeschüttelt und völlig eingestaubt, der Reiter natürlich auch. Doch nebenan rackerte man bereits am neuen Asphaltstreifen. Im letzten Nest vor der Grenze legte ich noch mal eine Pause ein, die letzte, dachte ich. Doch es kam ganz anderes. Eine muslimische Familie lud mich für die Nacht ins Haus ein.

Sonnenaufgang am Steppenlager

Ein schönes kasachisches Abschiedsgeschenk und der Ort Agzhigit, der für fast alle anderen Reisenden nur das letzte Nest vor der Grenze ist, bekam für mich eine Bedeutung, blieb in der Erinnerung haften.
Doch dann, am kommenden Mittag stand ich an der Grenze und … es passierte nichts, nichts Negatives jedenfalls. Der Grenzübertritt war ein „Durchmarsch", wie man so schön sagt. Nichts von Gepäck durchwühlen, nichts von Medikamente wegnehmen. Nicht einmal ansatzweise Stress. Nur die Packtaschen mussten, wie es an vielen Grenzen der Welt heutzutage üblich ist, in einer Maschine durchleuchtet werden. Das war's. Ich dachte noch an die warnenden Worte von Maik zurück, lächelte und kurbelte ins heiße Usbekistan hinein.
Unser Duo rollte die ersten Stunden auf gutem Asphalt, der dann in einer totalen Holperstraße mündete. Anders hatte ich es auch nicht erwartet. Das Land ist bekannt für seine schlechten Straßen. Geschlafen wurde ganz klassisch und einsam in der Steppe. Der Neumond kam raus, Sonnenuntergang und -aufgang waren ganz intensiv zu erleben. Eine Entschädigung für die Strapazen. Ich fuhr

Eine Flasche Wasser vom Trucker hatte ich nicht erwartet

Lars aus Halle (Saale) überholte mich

teilweise mit voller Wasserzuladung (dreizehn Liter), um auf der sicheren Seite zu sein. Aber etliche Kraftfahrer hielten an und gaben mir Wasser oder fragten, ob alles in Ordnung sei. Das machte auch diesen schweren Abschnitt angenehmer. Dann hielt ein gelber Kleinbus mit einem Hallenser Kennzeichen. Ein bärtiger Mann stieg aus, musterte mich kurz und meinte „Du bist doch Thomas Meixner. Ich war neulich beim Vortrag von dir." Auf seinem Heckträger war ein Rad der Marke Rotor aus Leipzig. Mein Nasreddin erblickte dort ja auch das „Licht der Welt". Das war im Jahre 2011.

Ganz im Norden Usbekistans hatte mein Reiserad Nasreddin Jubiläum: fünfzigtausend Kilometer! Doch das nur nebenbei. Von Lars, so hieß der Mann aus Halle (Saale), bekam ich noch den Tipp, die alte Seidenstraßenstadt Khiva zu besuchen. Dann verschwand er wieder mit seinem VW-Bus und hinterließ eine kleine Staubwolke. Ich holperte weiter und der Tag war wieder erst zu Ende, als die Sonne schon sehr weit unten war. Zwei Lkws am Straßenrand machte ich schon weit aus der Ferne aus. Ich kam näher, begrüßte die vier Fahrer, die

Das schöne Khiva ist seit 1990 UNESCO-Welterbe

Am südlichen Stadttor von Khiva kann man auch gemütlich sitzen

gerade auf einem Gaskocher ihr Abendessen zubereiteten. „Wo wollt ihr hin?", fragte ich. „Taschkent", kam zur Antwort. „Und wo wart ihr?" – „Wir kommen von der anderen Seite des Kaspischen Meeres, aus Russland", sagte der „Koch". Nebenbei schnitt er noch ein paar Kartoffeln in die Pfanne. Ich ging die Strecke auf meiner Kopfkarte durch. Das sind ja Tausende Kilometer, in denen die Fahrer völlig auf sich gestellt sind. Kein ADAC, keine Notrufsäulen (kommen würde sowieso keiner), ein richtiges Abenteuer. Das Abendessen war fertig und ich wie selbstverständlich eingeladen. Es war fast dunkel und ich konnte schon wieder den Neumond am nordöstlichen Firmament entdecken. Ich deutete den Fahrern an, dass es jetzt höchste Zeit wäre, einen Platz zu sichern und zeigte auf die flache Steppe. „Da gibt es Schlangen und es ist gefährlich. Wir nehmen dich auch mit", kam es aus einem besorgten Mund. Ich lächelte und verschwand dankend. Wenig später, als mein Zelt stand und ich am Kocher saß, gingen die Lichter der Lkws an, und die Laster knatterten in Richtung Taschkent weiter. Ich kroch in den Schlafsack, ließ den Eingang des Zeltes noch offen, um den

Sternenhimmel zu genießen. Der Mond hatte sich auch „zur Ruhe gelegt" und war verschwunden. Nur die Venus leuchtete noch knapp überm Steppenboden. Der Blick nach oben war umwerfend. So viele Sterne kann man nur in den dunklen Steppen und Wüsten sehen. Ich wollte nicht schlafen, sondern eigentlich die ganze Nacht nach oben schauen. Doch wenig später kam die Müdigkeit, ich machte das Zelt zu und schlief schnell und friedlich ein.

Ein paar Tage weiter wurde die Landschaft deutlich grüner, als ich in die riesige, vom Amudarja bewässerte Oase mit der Hauptstadt der Republik Karakalpakstan Nukus hineinrollte. Ich befand mich in einer autonomen Republik, die am Aralsee liegt. Der Aralsee selbst steht für eine Umweltkatastrophe sondergleichen. Der Mensch hat ihn für Bewässerungszwecke fast vollständig ausgesaugt und lässt ihn sozusagen verbluten. Diesen traurigen Anblick wollte ich mir ersparen. Außerdem wäre es ein Umweg von circa zweihundert Kilometern gewesen. Ich blieb im Grünen und bewegte mich auf Khiva zu, stellte dabei wieder fest, dass

Meine Bleibe in Buchara

die Einwohner sehr gastfreundlich sind und man abends schnell mal eingeladen in gemütlicher Runde am Tisch eines Hauses sitzen kann.

Khiva liegt an der turkmenischen Grenze. Als ich dort eintraf, fühlte ich mich tatsächlich in die alte Zeit der Seidenstraße zurückversetzt. Wunderbar erhaltene Gebäude, dazu noch die vollständige alte Stadtmauer aus Lehmziegeln. Wenige Touristen und abends die totale Ruhe. Lars aus Halle traf ich hier wieder. Nach einem Ruhetag rollte ich weiter. Es waren noch vierhundertfünfzig Kilometer bis Buchara, die ich in drei Tagen bewältigte. Der Rückenwind und eine seltene gute Straße aus Beton machten es möglich.

Bei fast vierzig Grad im Schatten stand ich am Eingangsschild von Buxoro, mit schwarzen Lettern auf weißem Untergrund an einem großen Blechschild deutlich angezeigt. Hier ist die Schrift natürlich kyrillisch und ein Überbleibsel der Sowjetzeit. Bekannt ist diese Stadt auch als Buchara. Ein „Beweisfoto" wurde geschossen und danach weitergestrampelt ins Zentrum hinein. Dieses war leicht zu finden. Zweimal gefragt und ich war da.

Der Autor Leonid W. Solowjow machte Buchara zum Heimatort von Hodscha Nasreddin

Buchara selbst ist heute eines der wichtigen Handels- und Industriezentren Zentralasiens und liegt natürlich auch an der Seidenstraße. Mit seinen zahlreichen Baukunstwerken zählt auch diese Stadt, wie Khiva und Samarkand, zum Weltkulturerbe der Menschheit.

Es war, wie fast immer, ein sehr heißer Tag, als ich mich durch die Gassen der Altstadt fragte und schlängelte, um eine preiswerte Herberge zu finden und um mich auch mal wieder mit Reisenden aus der westlichen Welt über Gott und die (Reise-)Welt auszutauschen.

Aber irgendwie kam ich mit meiner Suche nicht richtig voran und stand dann zufällig auf einem gut restaurierten Platz mit historischen Gebäuden, bestückt mit den hier so typisch gebrannten Kacheln, die besonders von den Kuppeln im vollkommenen Blau strahlen. Später erfuhr ich, dass ich auf dem „Labi Hovuz" (zu Deutsch: an dem Teich) stand. Und tatsächlich gibt es hier einen großen künstlich angelegten Teich, der vor allem in den noch heißen Abendstunden etwas angenehme Kühle verbreitet. Doch was sah ich da? Vor einer alten Medrese

Der Mond über einer der vielen Kuppeln von Buchara

(Koranschule) aus dem 17. Jahrhundert auf einem Esel sitzend den Namensgeber meines geliebten Drahtesels? Es war der in Bronze gegossene „Nasreddin", der orientalische Till Eulenspiegel. Er ist auch hier den Leuten bekannt, vor allem in seinen Geschichten. Da fiel mir gleich die Geschichte vom Klang des Geldes ein.

Hodscha Nasreddin, der über den Basar läuft, hört Lärm aus einer Gaststube. Dort hat der Wirt einen Bettler am Kragen gepackt und schreit ihn an. Als Nasreddin ihn fragt, was der Bettler verbrochen habe, antwortet der Wirt, dieser hätte einen Brotfladen über seinen Grill gehalten, bis er nach Lammfleisch roch; nun wolle er dafür auch bezahlt werden, was der Mann jedoch ablehne.

Nasreddin löst den Fall in bekannter Eulenspiegel-Manier. Er lässt sich von dem Bettler ein paar Münzen geben, die dieser bei sich hat. Die wirft er auf den Tisch und gibt sie dann dem Bettler zurück, bevor der hartherzige Wirt sie einstreichen kann. Als der Nasreddin fragt, was das soll, antwortet der Schelm: „Dieser arme Mann hat den Geruch deines Essens gerade mit dem Klang seines Geldes bezahlt. Nun seid ihr quitt!" Damit ließ er den verdutzten Wirt stehen und ging seiner Wege.

Ja, so soll er gewesen sein, der Hodscha. Am Rande des Platzes sah ich eine Frau, die kalte Limonade verkaufte. Obwohl ich schon seit Monaten meinen Zuckerkonsum stark reduziert hatte, konnte ich nicht widerstehen. Die Hitze war schuld. Ich kaufte mir ein großes Glas Limonade und goss sie mir in einem Zug in meine Kehle. Die Wirkung hielt nur kurz an und ein paar Minuten später hatte mich die Hitze wieder im Griff. Da fiel selbst das Denken schwer. Aber denken musste ich jetzt und mir einen Kopf machen, wo ich die nächsten Tage wohnen werde. Ein junger Mann sprach mich an und offerierte mir sein Gästezimmer etwas außerhalb des Zentrums. Gastfreundschaft auch hier in der Stadt. Aber ich lehnte ab. Ich wollte Reisende treffen und schwatzen. Also noch einmal ins Gassengewirr und dann hatte ich Glück. Ich stieß auf das Rumi-Hostel und auf nettes Englisch sprechendes Personal. Doch es war kein Gast in den Gängen zu sehen. Als ich im Zimmer mein Bett bezog, sah ich warum. Das Sechsbettzimmer hatte Klimaanlage und alle Rucksacktouristen lagen schon wie betäubt in ihren Betten und warteten die Hitze ab. „Wenn ihr wüsstet", dachte ich. „Bei diesen Temperaturen muss der Weltenradler noch Leistung auf seinem Rad bringen, damit er vorwärtskommt … ohne Klimaanlage, höchstens ein wenig Fahrtwind und ab und zu mal ein kaltes Bier, wenn er auf ein Rasthaus stößt. Wenn."

Nach zwei vollen Tagen in Buchara war ich irgendwie durch mit allem, mit den Sehenswürdigkeiten, mit den vielen schönen erhabenen und sehr gut restaurierten Gebäuden. Viele davon noch aus der Timuridenzeit.
Mich zog es weiter.

Nach Samarkand und im Tal von Fargona

Die Hitze blieb unerträglich. Das Thermometer zeigte bereits am Vormittag neununddreißig Grad im Schatten an. Ich rollte aus der Stadt Buchara heraus. Doch ohne Stadtplan war das Finden des richtigen Weges nicht gerade einfach. Ich fuhr schon zwei Kilometer auf dem falschen Pfad, fragte von Zeit zu Zeit nach der Straße in Richtung Süden, genauer gesagt nach Südwesten. Aber irgendwann hatte ich dann den richtigen Kurs. Bei der Hitze fällt das Fassen jeden Gedankens schwer, allein das Fragenstellen nervte ungemein. Doch die Usbeken haben ein ruhiges und entspanntes Gemüt, diese Gelassenheit sprang auch über auf den Weltenradler, der zugegebenermaßen nicht immer solch eine Gelassenheit an den Tag legen kann.
Ich holperte in die trockene Steppe hinaus, auf gewohnt schlechter Straße. Auf den ersten Kilometern war nichts zu sehen, kein Haus, kein Dorf, geschweige denn eine Stadt. Ich richtete mich auf harte Kilometer ein. Vor allem denkt man jetzt an Flüssigkeit, an Wasser, das der Radler jetzt wieder in Unmengen konsumiert – ja, konsumieren muss –, um hier überhaupt hindurchzukommen. Dann tauchte eine Hütte am Straßenrand auf. Darin saßen ein alter Mann und ein Junge. Davor stand eine Kühltruhe. „Die verkaufen Getränke!“, dachte ich voller Vorfreude. Doch ich war noch nicht einmal hinter Buchara, eigentlich noch zu früh für eine Pause. Egal! Der Durst siegte. Ich zog meine Felgenbremse, stellte Nasreddin ab und saß eine Weile neben den beiden auf einer Bank unter einem weißen Foliendach, das nur bedingt Schatten bot. Es schien beinah windstill und dennoch schwitzte ich scheinbar nicht einmal. Meine Haut war trocken. Das täuscht, denn die Luftfeuchtigkeit ist hier im Sommer sehr niedrig, ähnlich wie in Australien. Dort hatte ich ja bekanntlich auch schon fast ein Jahr verradelt und wusste, dass es sich auch dieses Mal hier um eine Täuschung handelte. Dass man jede Menge Flüssigkeit verliert, erkennt man meistens nur daran, dass sich Salze auf der Haut bilden. Die Flüssigkeit verdunstet fast augenblicklich. Auch

der Durst meldet den Flüssigkeitsverlust an. Also bestellte ich mir einen Liter Bier – landestypisch in einer Plastikflasche. Die meisten Leser werden jetzt wohl eher an eine Cola oder Limonade denken. Aber darin wimmelt es nur so von Zuckermolekülen, was der Gesundheit und dem Durst aber nicht gerade zuträglich ist. Bier hat viele Mineralien, wenig Zucker, ein wenig Energie und „betäubt" auch mal für eine Weile den Kopf. Wobei das Bier hier nicht so stark ist wie in meinem Heimatland. Auch das muss gesagt werden. Für mich eine optimale Mischung, gerade an einem solch heißen Tag. Wir führten einen Small Talk auf Russisch, die Flasche leerte sich und ich kurbelte weiter meines Weges.

Der kürzeste Weg nach Samarkand ist eigentlich die Nordroute auf der M37, einer vierspurigen Fernverkehrsstraße. Hier verläuft auch die alte Seidenstraße nach Samarkand. Doch es gab zwei Gründe für mich, diesen Weg nicht zu radeln. Zum einen sah es so aus, als ob hier der Verkehr extrem dicht an einem vorbeirollt und zum anderen wollte ich noch nach Shahrisabz, für mich ein unaussprechlicher Name. Dort kann der Reisende auch in der schlichten Gruft vor dem Sarg des berühmten und berüchtigten Herrschers Amir Timur aus dem 14. Jahrhundert stehen. Der Sarg allerdings ist leer. Timur wurde schließlich in einem großen Mausoleum in Samarkand beigesetzt. Auch sind hier gewaltige Überreste von Bauten aus der Timuridenzeit zu bestaunen. Als Timuridenzeit bezeichnet man die Herrscherdynastie Timurs und seiner Nachfolger von 1370 bis 1507.

Der Tag ging vorbei und ich konnte, wie es in Usbekistan selbstverständlich scheint, im Haus einer Bauernfamilie unterkommen. Wir saßen bei Sonnenuntergang alle im Hof auf einem Teppich und aßen gemeinsam zu Abend. Das Hoftor wurde offengelassen, um etwas Durchzug zu genießen. Ich fühlte mich wohl und geborgen. Vergessen war die Hitze des Tages, vorerst.

Ich bewegte mich immer noch in der Ebene, die mich schon seit der Grenze zu Kasachstan begleitete, zumindest, was die Höhenmeter anbelangt. Die haben sich kaum nach oben gesteigert. Doch jetzt hoffte ich auf eine Abkühlung von ein bis zwei Grad, da ich mich ganz gemächlich und kaum merklich nach oben bewegte. Aber es waren nicht dieselben Höhen, die ich in der Türkei und in Georgien erreicht hatte. So richtig kühl wurde es dann doch nicht. Aber die Hoffnung hatte etwas Positives und trieb mich – wie so oft auch in anderen Situationen – vorwärts.

Ich näherte mich Shahrisabz oder Kesch, wie es früher im Deutschen hieß, dem Geburtsort des Mongolenherrschers Timur. Doch die vorangegangene Nacht ge-

Denkmal für Timur (1336–1405) in Samarkand

staltete sich wieder einmal bemerkenswert. Ein paar Kilometer vor Shahrisabz: Der Tag neigte sich dem Ende und die Sonne stand schon nah über dem Horizont. Ich begann, wie jeden Abend sonst auch, eine sichere Stelle für mein Zelt oder zumindest für meinen Schlafsack zu suchen. Ich sah ein Haus und kämpfte mich von der Straße über kleine Bewässerungsgräben näher heran. Ein paar Feldarbeiter kamen vorbei und halfen mir durch das Feld. Doch das Haus entpuppte sich als ungenutzte Scheune, wo niemand wohnte. Die Arbeiter machten mir das Angebot, gemeinsam mit ihnen auf dem Feld zu lagern. Doch ich entschied mich wieder dafür, ins Dorf zurückzuradeln oder vielmehr das Rad dorthin zu schieben. Dort traf ich auf eine Gruppe Männer. Ich schob einem von ihnen meinen Zettel unter die Nase. Auf Usbekisch stand da, dass ich Thomas heiße, auf dem Weg nach China bin und einen sicheren Platz für mein Zelt suche. Auch das hatte ich mir bei Google übersetzen lassen und es schien nicht so schlecht zu sein, denn auch dieses Mal nahm mich ein Mann an die „Hand" und ich folgte ihm auf seinem alten, klapprigen Rad, an dem es scheinbar wie-

Ein Schäfer in der heißen Mittagsonne

der einmal keine Bremse gab. Doch er fuhr zurück, sprach mit mir über dieses und jenes, kam dann erneut wieder und war dann auch wieder verschwunden. Das war mir irgendwie nicht geheuer. Es fing an zu dämmern. Ich rollte allein weiter und traf auf eine Art Scheune, in der Maschinen klapperten. Hier wurde die geerntete Baumwolle, aber auch Schafwolle, „gereinigt" und dünne Matten entstanden, die man zu Ballen aufrollte. Ein Mann, dem ein Daumen fehlte, sprach mich an. Vielleicht ein Unfall mit diesen alten Maschinen, die eine Staubwolke erzeugten? Diese hüllte mich sogar noch außerhalb des Gebäudes ein. Sofort war mir alles klar und ich schob mein Rad vor die Hütte, in der zwei der Arbeiter schliefen. Ob es denn einen Fernseher gäbe, fragte ich. Schließlich spielte mein Heimatland heute Abend gegen Südkorea. Man schaltete mir den alten Röhrenfernseher an und ich konnte mit verfolgen, wie das Team des DFB kläglich aus der Vorrunde ausschied. Als Trostpflaster wurde mir ein schöner Abend buchstäblich aufgetafelt. Man entsandte einen der jüngeren Arbeiter in ein nahegelegenes Restaurant und er kam mit riesigen Mengen Rindfleisch, Salat und mehreren typisch usbekischen flachen, runden Broten wieder zurück. Auch

Trotz WM-Aus der deutschen Mannschaft konnte ich noch gut schlafen

ein Fläschchen Wodka war dabei. Als ich es zusammen mit meinem Gastgeber geleert hatte, schickte man nach einer zweiten Flasche. Auch dieser halbe Liter wurde durch zwei geteilt. Dann stand da noch ein drittes Fläschchen auf dem Boden, wo wir alle saßen. Doch ich konnte verhindern, dass man es öffnete. Nach gutem Essen und einer Flasche vierzigprozentigen Wodka schlurfte ich zu meinem Bett unter freiem Himmel, das eigens für mich reserviert war, deckte mich mit meinem Schlafsack zu, streichelte noch einen liebebedürftigen Hund und schlief unter dem Vollmond tief und fest ein. Während der kommenden Tage in Usbekistan musste ich mir mehrmals täglich anhören, dass die deutsche Mannschaft sehr schlecht gespielt hatte, zumal man bemerkt hatte, dass ich aus Deutschland kam. Sie hatten wohl recht.

In Shahrisabz blieb ich dann nur ein paar Stunden. Weiter ging es über einen Pass von 1.788 Metern Höhe. Kurzerhand übernachtete ich in den Höhen des Passes und genoss dort gemäßigt kühle Temperaturen während der Nacht. Eine ganz normale Nacht also. Aber was ist schon normal? Die Summe aller Anomalitäten. In Samarkand angekommen, logierte ich in einem für die hiesigen

Gasflaschentransport auf Usbekisch

2238

Im Gur-Emir-Mausoleum in Samarkand: Der schwarze Sarg birgt Timur

Verhältnisse günstigem Hostel und traf wieder auf dieselben Radler, die ich schon in Buchara angetroffen hatte (ein Pärchen aus Frankreich und Mario, den spanischen Radler). Sie hatten die wesentlich kürzere Route ohne Pass genommen und waren dennoch nur dreißig Minuten eher in der Stadt angekommen. Schon vor Wochen wurde mir von anderen Radreisenden der Spitzname „Speedy Gonzales" verliehen. Ich weiß auch nicht, warum. Samarkand ist hier weit und breit die schönste und größte „Perle" an der Seidenstraße. Gute Gründe, um ein paar Tage länger dort zu verweilen. Irgendwie brauchte ich auch mal eine Pause, nicht zuletzt für den Kopf. Und die habe ich genutzt, um mir die wunderbaren alten Zeugnisse der Geschichte anzusehen, unter ihnen das Mausoleum Timurs. Das Radlertrio hatte ich schon einen Tag vor meiner Weiterreise verabschiedet. Das Mädchen aus Frankreich hatte bereits seit Tagen starken Durchfall und fühlte sich gar nicht wohl. Trotzdem starteten sie zur nahegelegenen Grenze nach Tadschikistan. „Ich halt das hier nicht mehr aus. So lange an einem Ort zu bleiben, ist für mich schwierig", klagte sie. Eine Ausrede? Wahrscheinlich war es das Visum, was die drei weitertrieb. Man kann dieses für Tadschikistan online beantragen, zahlt eine Gebühr und schon kann es losgehen. Alles ganz einfach. Und wenn ich einen Monat später ein Visum für Usbekistan benötigt hätte, hätte ich das auch so machen können. Ich war sozusagen einer der letzten „Mohikaner", der noch zur Botschaft gehen und einen großen blauen Aufkleber in den Pass erkaufen musste. „Hätte, hätte, Fahrradkette."

Fast jeder Radler, auf den ich traf, fragte mich, ob ich auch die „Pamir" machen wolle. Damit ist der sogenannte Pamir-Highway gemeint, eine schwer zu bewältigende Straße, die zum großen Teil unbefestigt ist. Sie führt im Süden nahe der afghanischen Grenze durch das Land. „Mein Thema in diesem Jahr ist die Seidenstraße und ich werde mich eher auf die Volksrepublik China konzentrieren, statt mich in weiten Bögen nach Süden zu verzetteln", entgegnete ich. Wenn ich so verneinte, sah ich oft in ein enttäuschtes Gesicht.

Als ich viele Wochen später in China war, schrieb ein gewisser Benno in das Gästebuch meiner Homepage, dass es in Tadschikistan einen bewaffneten Überfall von islamistischen Extremisten gegeben hätte, den der IS (Islamischer Staat) für sich proklamiert hat.

Schockiert las ich die Zeilen, die auf tagesschau.de, der Mediathek der ARD, zu lesen waren: „Vier Radfahrer aus Europa und den USA sind bei einem bewaffneten Angriff in der zentralasiatischen Republik Tadschikistan getötet worden.

Eine Marktfrau mit goldenem Lächeln

Es handelt sich nach Behördenangaben um zwei US-Bürger, einen Schweizer und einen Niederländer. Ein weiterer Niederländer und ein Franzose wurden verletzt, ein weiterer Franzose kam demnach unversehrt davon."

Dave aus England und Maik aus Trier, meine beiden Mitstreiter in Kasachstan waren also auch nicht darunter. Ich atmete zwar auf, war aber trotzdem unendlich traurig. Radfahren ist auch gefährlich. Das konnte ich auch schon anhand dreier schwerer Überfälle, die ich am eigenen Leib erfahren hatte, bestätigen.

Da fiel mir auch die traurige Geschichte von einem ostdeutschen Pärchen ein, das in Tibet (China) mit seinen Rädern unterwegs war, wo der Mann von einem Truck erfasst worden und tödlich verunglückte. Ja – ein bisschen Glück gehört bei allen Dingen im Leben eben auch dazu.

Zurück zum Abenteuer in Usbekistan: Ich rollte wieder durch die Hitze, holperte auf mittelprächtiger bis schlechter Straße dahin, immer weiter in Richtung Osten. Jetzt gab es nur noch das Fargona-Tal zu erkunden, dann würde ich durchgefahren sein und das nächste Land wartete schon auf die Entde-

Ein Töpfer bei der Arbeit

ckung durch den Weltenradler aus Sachsen-Anhalt: Kirgisien. Doch bevor ich ins Tal gelangen konnte, musste ich noch den zweitausendzweihundert Meter hohen Kamtschik-Pass bewältigen. Während dieser Passage genoss ich beeindruckende Einblicke in die Täler des Tien Shan-Gebirges, einer wilden Berglandschaft in Zentralasien.
Während ich bergab rollte, überquerte ich den zweiten großen Fluss hier in der Gegend, dessen Wasser in den Aralsee mündet: den Syrdarja. Ich war im Ferghanatal angekommen und bei absolut unerträglicher Hitze unterwegs. Erwähnt werden sollte an dieser Stelle noch der Ort Rishton mit seinen typischen Töpfereien, die weit über die Ländergrenzen bekannt und berühmt sind. Die bekannteste dieser Töpfereien ist vermutlich die des Meisters Rustam Usmanovs. Getöpfert wurde hier im ganz großen Stil während der Sowjetära in riesigen Fabriken mit mehreren Tausend Arbeitern. Gebrauchskeramik war damals äußerst gefragt und die hiesigen Tongruben lieferten den nötigen Rohstoff, der von sehr hoher Qualität ist und spezielle Eigenschaften besitzt. Nach der Perestroika und dem Zusammenbruch des riesigen Sowjetreichs brach auch hier alles zusammen. Aus der Not heraus entstanden nun kleine Handwerksbetriebe, die fortan ihr Hauptaugenmerk auf das Kunsttöpfern legten. Und siehe da: Es funktionierte. Die Kunstwerke aus Ton sind in der ganzen Welt begehrt. Meister Rustam Usmanov weilte gerade in New Mexiko (USA) bei einem Kunstfestival und ist nicht nur dort fester Bestandteil der internationalen Szene.
Die beiden Nächte im Ferghanatal verbrachte ich im Haus unendlich freundlicher und offener Einheimischer. Eine ganz selbstverständliche Sache. Gastfreundschaft scheint hier keine Grenzen zu kennen.

Ganz nah am Lenin

Osch (O'sh) heißt die mittelgroße Stadt direkt an der Grenze. Die erste auf kirgisischem Territorium. Doch vorher musste ich eben noch über die Grenze. Vor der hatte ich noch mehr Respekt als vor der im Nordosten bei der Einreise aus Kasachstan. Das war fast einen Monat zuvor. Aber was soll's, wenn man weiterkommen will, muss man da durch. Ich stand also in der Reihe mit etlichen lokalen Grenzgängern und Einheimischen. Wie gehabt, mussten die Packtaschen ab. Ich legte sie aufs Fließband und sie verschwanden in einer Röntgenmaschi-

Sonnenuntergang in Osch

ne, wie wir sie auch vor internationalen Flügen in Europa und anderswo zu sehen bekommen. Aber schon nach der zweiten Tasche winkte die junge Frau in Uniform ab. „Lass man gut sein", las ich in der Geste und aus einem versteckten Schmunzeln in ihrem Gesicht ab. Schnell waren meine Utensilien wieder am Rad eingehängt und verzurrt und ich stand in der Schlange hinter den Einheimischen. Ziel war der Glaskasten vor uns, in dem ein Beamter den Ausreisestempel in den Pass drückt. Es näherte sich ein anderer Beamter und der schrie förmlich zum Glaskasten, dass das hier ein Deutscher sei und ich gefälligst zuerst abgefertigt werden müsse. Ich stand jetzt vor dem Einheimischen und die Situation war mir mehr als peinlich. Es roch nach Diskriminierung und Ungleichbehandlung, was ich gar nicht mag, noch dazu, wenn man hier als Fremder unterwegs war und auch Zeit hatte. Ich hielt meinen Pass in der Hand und drei dieser Registrierungszettelchen, die man bekommt, wenn der Reisende im Hotel oder in irgendeiner anderen Herberge die Nacht zubringt. Es müsse hier idealerweise so sein, dass man seine Aufenthaltsorte lückenlos dokumentiert, sonst gibt es richtig Ärger. Vor ein, zwei Jahren war es noch so, aber diese Zeit schien vorüber. Der Beamte war nur an einem roten Reisedokument interessiert, auf dem der Goldene Adler aufgedruckt ist. Abgestempelt, fertig. Keiner hatte sich interessiert, wo und wann ich im Land unterwegs war, oder wollte meine Fotos sehen. Noch ein Jahr zuvor musste ein Freund von mir bei der Ausreise am Flughafen die komplette Speicherkarte im Beisein der Staatsmacht durchklicken. Unglaublich. Hier in Usbekistan hatte sich in den letzten Monaten einiges getan. Die Regierung will den Tourismus forcieren, um mehr Geld daraus zu generieren und auf welches die ehemalige Sowjetrepublik angewiesen ist. Das erfuhr ich später im Internet. Es kam noch bunter. Ein Uniformierter drückte mir eine riesengroße runde Büchse in die Hand. Sie beinhaltete Plov (Pilaw), gebratenen Reis mit Soße und ein wenig Fleisch. Er wünschte mir noch eine angenehme Weiterreise. Das war's. Ich war durch und wurde, wie auch bei der Einreise, wie ein Fürst behandelt. Also vor Usbekistan braucht der Reisende, bis auf Weiteres, keine Angst mehr zu haben. So mein Fazit.

Die Dose mit Pilaw bekam ich von einem usbekischen Grenzer

Die beeindruckende kirgisische Berglandschaft

Die Einreise nach Kirgisien verlief dann auch wie erwartet schnell und ohne Probleme. Das Land ist in Zentralasien weit und breit das demokratischste, sagt man, und mit dem Tourismus schon super vertraut.
Etwas Bargeld getauscht, zwei kalte Becher Kwass hintergegurgelt und rein ging's in die Stadt Osch. Es sollte die größte in diesem Land für mich werden. In der Stadt wohnen um die zweihundertachtzigtausend Menschen. Zu sehen gibt es nicht viel Spektakuläres. Der Suleiman-Berg wäre vielleicht erwähnenswert. Babur, der Nachkomme Timurs, soll hier gesessen haben, sein Schicksal überdacht und seinem Leben nachgegrübelt haben. Dann sei er aufgebrochen, um die Schlachten zu schlagen, die nicht nur in diesen Zeiten in Mode waren.
Drei Nächte waren völlig ausreichend, um mir das Gefühl zu geben, jetzt musst du weiter. Also wieder alles zusammengepackt und raus aus der Stadt, aufs Land, in die Natur. Und die sollte sich als wunderschön erweisen. Mich erwarteten eine spektakuläre Bergwelt, grüne Steppe und vor allem angenehme Temperaturen. Aber alles der Reihe nach …
Als ich aus der Stadt Osch herausrollte, durfte ich feststellen, dass mein Nasreddin fast gar nicht hoppelte. Super Asphalt war jetzt mein Begleiter. Vorbei waren die schlechten Straßen Usbekistans. Langsam rollte ich in ein Tal hinein und sanft nach oben. Nach ein paar Kilometern überzog saftgrüne Steppe die Berge. Ab und zu rollten Radfahrer mit ihren beladenen Vehikeln das Tal hinab. Ich grüßte, aber meistens kam keine Antwort zurück. Jeder ist mit sich beschäftigt in unserer neuen Selfie-Generation. Oder waren es zu viele Radreisende, die das Land im Sommer „beherbergt"? Oder irgendwas dazwischen? Kirgisien ist seit Jahren ein Eldorado für Radfahrer. Man kann auch geführte Touren in Deutschland buchen. Alles ist hier auf Tourismus eingestellt. Und das sollte ich noch zu spüren bekommen.
Dann der erste Pass, der Chyrchuk-Pass mit 2.408 Metern. Der war schnell geschafft, da er sich relativ flach auffahren ließ. Beim Herunterrollen sprang mir mit einem Satz ein Junge vor das Fahrrad und wollte mich stoppen. Ich wäre fast gestürzt. Da stand noch ein Junge und ich sah in zwei Paar rotzfreche Augen. Die hatten sich einen Spaß gemacht und grinsten mich an. Doch hier war der Spaß zu Ende. Nicht auszudenken, wenn ich gestürzt wäre. Ich wurde wütend, machte eine Vollbremsung, stieg vom Rad und nahm die Verfolgung auf. Jetzt sah ich in ängstliche Augen. Doch schnell waren die beiden Halbstarken über die Betonleitplanke verschwunden. Voller Wut, gestresst und auch ein wenig traurig rollte ich vorsichtig weiter. Immer die Menschen und vor allem die Kin-

der im Blick, um einer solchen Situation aus dem Weg zu gehen. Es half nichts. Ich hielt an einem alten Weidezaun an und stahl mir einen stabilen Stock, der den Stacheldraht in Form hielt, kürzte ihn auf circa fünfundsechzig Zentimeter und befestigte ihn auf meinen Packsack unter den Spanngummis. Immer griffbereit, wie ich es aus anderen Teilen der Welt schon gewohnt war. Zu erwähnen wären da zum Beispiel Teile Nordmarokkos, die Südosttürkei, der Norden Äthiopiens, der Süden Tibets und auch der Süden Nepals. Ja, auch das gehört zum Radleralltag. Steine schmeißende Kinder oder solche, die versuchen, dir einen Stock während der Fahrt zwischen die Vorderradspeichen zu stecken. Das sind wohl einige der stressigsten Situationen für mich. Man nähert sich einem Dorf und hofft, dass einen niemand entdeckt. Das ist natürlich eine Illusion. In vielen Ländern bist du die Attraktion des Jahrhunderts und Scharen von nervigen Kindern stürmen dir entgegen oder rennen dir hinterher. Nun, in Kirgisien war es nicht wie im Norden Äthiopiens, wo du quasi von früh bis abends von Kindern umringt bist, die dir ins Ohr schreien: „Ferenchi, Ferenchi give me, give

Auch hier wird dem fremden Radfahrer zugewunken

Dreierteam mit Chipstüte

me ..." und wenn du keine Kaugummis, Dollarscheine oder Stifte rausrückst, dann wirst du mit Steinen beworfen.

Ich rollte weiter und wurde bei dieser Abfahrt in Ruhe gelassen. Wenig später war ich unten in der nächsten „Senke". Ich strampelte bis zum Ende eines großen und schönen Tals hoch zum Taldyk-Pass (3.615 Meter), den ich am Abend des darauffolgenden Tages erreichte. Aber hier ging die Post ab. Die Landschaft war super, doch die Kinder nervig. Ich kam gar nicht dazu, die schöne Aussicht rechts und links der Straße zu genießen, sondern war nur damit beschäftigt, die Lage vor mir einzuschätzen. Schmeißen sie oder schmeißen sie nicht. Wenn ich die Kinder sich vor mir bücken und etwas auflesen sah, wusste ich, was es war: Steine. Dann drosselte ich die Geschwindigkeit oder hielt an und zeigte meinen Stock, den ich in der Hand hielt. Das reichte aus. Es kam nie zum Wurf, sondern blieb in der Vorbereitung des „Überfalls" stecken. Ich musste an die Worte von Lars aus Halle an der Saale denken. Er hatte mich schon in Usbekistan auf dieses Phänomen vorbereitet. Und er hatte leider recht.

Übrigens, warum man mich mit Steinen bewarf, habe ich nie herausbekommen, in keinem Teil dieser Welt.
Am nächsten Tag, nachdem Kinder wieder eine Steineschmeißattacke versucht hatten, entschied ich mich, noch den Taldyk-Pass hochzustrampeln. Ich wollte in der Kühle mein Zelt aufschlagen. Am letzten Bächlein füllte ich noch meinen Kanister mit Wasser, denn oben gibt es in den seltensten Fällen etwas, und nahm die steilen Serpentinen in Angriff. Eine Kehre nach der anderen. Ich war nass geschwitzt, kämpfte mich weiter voran. Im oberen Drittel kippte das Wetter. Dicke Wolken, Regen, Wind und zum Abschluss noch Hagel. Ich zog mir meine Fleeceweste an, kurbelte noch die letzten Höhenmeter und stand in der Abenddämmerung am blauen Schild mit der Zahl 3615. Ich hatte es geschafft, war oben! Dabei hatte ich gar nicht gemerkt, dass mein Gefühl in den Händen schon fast verschwunden war. Erst als ich ein Foto machen wollte und die kleine wasserdichte Kamera aus der Lenkertasche fummelte, wurde mir bewusst, dass ich schleunigst mehr warme Sachen und vor allem Handschuhe anziehen sollte. Oberhalb des Taldyk-Passes versuchte ich mein Zelt aufzuschlagen, was mir

Am Morgen auf über 3.600 Meter Höhe

nur mit Mühe gelang. Es gewitterte, regnete und hagelte immer noch und meine Hände waren ohne Gefühl. Was für ein Kontrast zu der Hitze Usbekistans! Doch schon am anderen Morgen war alles vorbei und ich wurde von der Sonne geweckt. Unser Duo rollte noch herunter und weiter ein paar Kilometer nach Westen in das riesige Alai-Tal hinein. In der Ortschaft Sary Mogul mietete ich mir ein Bett in einem kleinen Gästehaus, um mal etwas „Urlaub" von der Reise zu machen. Von hier hat man einen sehr schönen Blick auf den dritthöchsten Berg des ehemaligen Sowjetreiches, den Pik Lenin (7.134 Meter), und die verschneiten Riesen des Pamirgebirges. Direkt am Fuße, kurz vor dem Basislager gibt es noch ein Jurtencamp, das ich besuchte. Ich ließ mich mit dem Sammeltaxi dorthin bringen und genoss zwei schöne Tage in wunderbar ruhiger Natur. Ich bin ehrlich, beim Anblick des Berges hat es mich schon gejuckt. Der Berg ist technisch nicht schwer und machbar. Aber ich blieb meiner Reise treu und habe die Seidenstraße weiter unter die Lupe genommen. Wieder zurück in Sary Mogul genoss ich noch ein paar Tage die gute Atmosphäre des kleinen Dorfes

Wasser wird zum Haus gebracht

auf circa dreitausend Metern Höhe und vor allen auch die tolle Stimmung auf der „Hütte“. Ja, das Gästehaus war einfach, sauber und rustikal-gemütlich. Da fühlt man sich, zumindest ich tat das, wie in den Schweizer Alpen auf der Berghütte. Auch die Gäste waren interessant und hatten unterschiedliche Gründe hier zu sein. Als ich den Aufenthaltsraum betrat, fand ich einen langen Tisch, der sich nicht mehr als zwanzig bis dreißig Zentimeter über dem Boden befand. Ein junger Mann aus Erfurt erkannte mich sofort: „Du bist doch der Thomas Meixner. Ich war schon auf deiner Homepage und habe darin geschmökert.“ Ich muss ehrlich gesagt zugeben, dass ich mich schon ein wenig geschmeichelt fühlte. Mir fiel da gleich wieder die Story von meiner Islandreise ein. Es war Sommer im Jahr 2013. Ich befand mich in windiger Atmosphäre auf der Nordroute, kämpfte mich an einen Radfahrer mit Gepäck heran. Als ich ihn endlich eingeholt hatte, drehte er sich herum. „Du bist doch Thomas Meixner. Ich habe alle Bücher von dir.“ Er stammte aus dem Rheinland und war von den Büchern begeistert. Da weiß man immer nicht, was man sagen soll. Ich bin ja eigentlich

Vor mir der Pamir

kein Schriftsteller, kann nur einfache Sätze. Das Einzige, was ich in meiner Zeit als angestellter Elektriker und dann als Fahrradmechaniker schriftlich verfasst hatte, waren meine Stundenzettel am Monatsende und ein paar Weihnachtskarten am Jahresende. Erst mit dem Reisefieber kam ich etwas mit der Schreiberei in Berührung … Aber zurück zur Tischrunde.

Dem jungen Mann gegenüber saß ein junger Israeli, der aus dem Ländlichen stammte. Nach ein paar Worten in Englisch bat er mich gleich, ihn zu besuchen, wenn ich mal ins Heilige Land komme.

Neben einem Mann aus Tadschikistan saß eine Studentin aus Deutschland. „Was machst du hier? Bist du auf Reisen?“, fragte ich sie. „Nein, ich arbeite hier an einer Klimastudie, die es weltweit gibt“, gab sie mir zur Antwort. „Das ist doch eh alles zu spät. Es ist doch schon zehn nach zwölf. Man müsste den Kapitalismus in seiner jetzigen Form abschaffen. Sofort. Dann hätten wir vielleicht noch eine Chance.“ Plauzte ich heraus. Wenn ich das richtig in Erinnerung habe, sprach sie den ganzen Abend nicht mehr mit mir. Ich schämte mich ein wenig der harten Worte. Dann saß da noch ein Professor aus Kanada in der Ecke. Er

Friedliches Idyll: eine Jurte auf der Sommerwiese

leitete das Projekt in den drei Ländern Tadschikistan, Kirgisien und Westchina. Dort haben sie Messpunkte und werten die Daten aus. Später im Gespräch mit dem Professor wurde mir recht gegeben. Es ist sehr viel schlimmer als es in den Medien zu vernehmen ist. Eigentlich schon zu spät. Ich wurde also in meiner Aussage bestätigt. Leider.

Später, beim Abendessen gesellten sich noch weitere Gäste zu uns. Darunter ein Pärchen auf Rucksackweltreise. Er stammte aus Spanien, sie aus Italien. Der Mann mit seinen langen schwarzen Haaren und langem schwarzen Bart schrieb jeden Abend akribisch und mit kleiner Schrift das Tourtagebuch. Als er so dasaß, sagte ich: „Er sieht aus wie Jesus Christus. Fehlen nur noch die zwölf Jünger." Ich zählte die restlichen Menschen am Tisch. Es waren genau zwölf. Das Gelächter war groß.

Für zwei Tage verschwand ich dann noch in ein Jurtencamp in der Nähe vom Basislager des Berges Lenin. „Jetzt bist du ganz nah am Lenin", dachte ich. Eine friedliche Abenddämmerung ließ die Berge dunkler werden, die Sterne kamen hervor und aus dem Jurtenofen stieg der Qualm himmelwärts.

Der spanische „Jesus" schrieb Tagebuch

Staub und Überwachung

Als ich in Sary Mogul losfuhr, standen die anderen Gäste „Spalier“, schossen ein paar Fotos und umarmten mich noch einmal, in der Hoffnung, mich irgendwann wiederzusehen. Doch das ist meist eine Illusion. Fast niemanden trifft man wieder. So ist das eben bei uns Reisenden.

Noch zwei letzte Nächte in Kirgisien, eine im Zelt und die letzte in einem Wohnwagen direkt an der Grenze, dann war Schluss mit den Ländern des ehemaligen Sowjetreiches. Das Reich der Mitte rief mich zu den letzten viertausend Kilometern.

Am 20. Juli 2018 stand ich pünktlich am noch verschlossenen Tor der kirgisischen Grenze. Dann öffnete es sich quietschend, ich stempelte aus und rollte noch einen Kilometer weiter zum nächsten verschlossenen Tor. Es öffnete sich kurz darauf – ohne zu quietschen. Den Reisepass, den ich den bewaffneten Organen zeigen musste, holte ich an diesem Tag noch unzählige Male aus meinem Ortlieb-Dokumentenbeutel. Noch drei Kilometer auf gutem Asphalt zwischen Stahlzaun und Stacheldraht und ich war am ersten Kontrollpunkt, einem riesigen neuen Gebäude. Hier wurden alle Sachen durchleuchtet und ich musste fast alles auspacken. Die Chinesen sind in dieser Hinsicht auf jeden Fall gründlich. Es wurde nichts Verdächtiges in den Taschen des Weltenradlers gefunden. Im Warteraum sammelten sich Touristen aus Holland und Deutschland. Wir mussten auf ein Taxi warten, das uns durch die verbotene Zone brachte. Auf den hundertsechsundvierzig Kilometern ist es strengstens verboten, allein durchzufahren. Der Fahrer hatte unsere Pässe eingesammelt. Mein Rad wurde in den Fahrgastraum des Kleinbusses gezwängt. Doch wir rollten nur circa zweihundert Meter weit. Der Wagen stoppte, wir stiegen aus und wunderten uns, wohin der Fahrer verschwunden war. Ich ahnte etwas. Die Chinesen machen jeden Tag eine mehrstündige Mittagspause, was ich noch von einer Chinadurchquerung im Jahre 1998 wusste. Doch alle Passagiere duckten sich und keiner wagte etwas zu sagen. Ich ging in das schäbige Restaurant, in dem noch andere Fahrer saßen und sich gerade eine Schale Reis mit Gemüse mit ihren Holzstäbchen in den Mund schoben. Ich fragte, wann wir endlich losfahren würden. Unser Fahrer, ein leicht untersetzter junger Mann mit Brille und in einem weißen T-Shirt, schaute mich etwas entsetzt an. Er tippte ein paar chinesische Zeichen in sein Handy und ich konnte die englische Übersetzung lesen. „Wir fahren nicht vor halb drei los.“ Das waren noch reichlich zwei Stunden. Ich verstand die Welt

Sary Mogul war ein schöner Ort zum Verweilen

Viele Kirgisen sind noch Halbnomaden und leben zeitweise in Jurten

China ist zumindest aus westlicher Sicht ein Polizeistaat

nicht mehr. Da standen sieben Gäste vor der Tür und sollten Stunden warten, bis der Fahrer seine heilige Mittagsruhe genossen hatte. Ich sagte in einem mehr als bestimmten Ton, dass er zehn Minuten hätte, um seinen Reis fertig zu essen und um dann hinter seinem Lenkrad zu sitzen und uns durch dieses Niemandsland zu fahren. Er erschien pünktlich und wir rollten los. Die mitfahrenden Touristen bedankten sich bei mir.

Nach den besagten hundertsechsundvierzig Kilometern stiegen wir aus und jeder musste dem Fahrer hundert Yuan (etwa zwölf Euro) in die Hand drücken, bevor wir in einem riesigen Gebäude wieder unsere Pässe zeigen durften. Nachdem das gesamte Gepäck durchleuchtet wurde, hatten wir unseren Einreisestempel im Pass. Die anderen Insassen beneideten mich um mein Rad, das ich jetzt besteigen konnte, um allein weiterzufahren. Die hatten alle noch keinen Plan, wie sie in das hundert Kilometer entfernte Kaschgar kommen sollten. Ich nahm ein paar Yuan, die ich bei einem kirgisischen Grenzer zu einem miserablen Kurs eingetauscht hatte, und wollte mir ein paar Kalorien in einem Le-

Mit Knüppel und Schild bewaffnete Hilfspolizistinnen

bensmittelladen besorgen. Als ich einen Laden gefunden hatte, stand dort eine junge Frau in der Tür. Sie hatte einen schwarzen Helm auf, hielt in der linken Hand ein schwarzes Schild und in der rechten einen Knüppel. Der ähnelte ziemlich einem Baseballschläger. Sie ließ mich in den Laden. Ich stöberte in den Regalen, die nicht viel zu bieten hatten. Nichts war ausgepreist. Ich hielt den Preis für ein paar Kekse in Plastikfolie für zu hoch. Und verließ den Laden wieder, um woanders etwas zu finden. Doch da war keiner. Also wieder zurück zu dem Laden mit der Baseballschlägerfrau davor. Doch jetzt wollte die Dame mich nicht mehr reinlassen. So etwas hatte ich noch nicht einmal annähernd erlebt. Ich drückte sie sanft zur Seite und holte mir die Plastiktüte mit den Keksen aus dem Regal, knallte die zehn Yuan auf den Tresen und verschwand. Die Räder rollten weiter und ich dachte noch lange an diesen Vorfall. Ich malte mir aus, was noch alles passieren würde im Reich der Mitte.

Kaum war ich aus dieser Stadt geradelt, da tauchte auch schon die erste reguläre Polizeikontrollstation auf. Das ist in der Regel ein Riesengebäude, in und

Eine von vielen Polizeikontrollstationen

an dem jeder Reisende und jedes Fahrzeug kontrolliert werden. Und natürlich sind hier die paar Radler aus dem Ausland besonders „gefragt“ und interessant. Ich musste meinen Pass rauskramen. Der wurde gleich von mehreren Beamten beäugt und die Seiten darin mit den Handykameras abfotografiert. Das nahm erst einmal eine halbe Stunde in Anspruch. „Wenn das so weitergeht, komme ich nie an“, dachte ich bei mir. In Gedanken war ich schon auf der Strecke nach Golmud. In der Zwischenzeit beobachtete ich die für mich neue Szenerie, die leider auf den weiteren Kilometern zur Gewohnheit wurde. Bei den Chinesen, die hier ankamen, gab es nur einen müden Blick in den Ausweis, bevor sie sofort weiterreisen durften. Doch was ich bei den ankommenden Uiguren erlebte, die in Xinjiang sehr zahlreich leben, machte mich wütend und traurig zugleich. Erst mussten sie ihre Ausweise abgeben. Anschließend kamen sie in eine größere Box, die sich als Ganzkörperscanner erwies und wo sie zwei bis drei Körperpositionen einnehmen mussten. Als sie damit fertig waren, wurden ihre Sachen in den Taschen und Koffern durchforstet. Das war fast schon menschenunwür-

Mein erstes Nachtlager in China war recht spartanisch

dig. Ich erinnerte mich an Berichte in den deutschen Medien, die schon etliche Jahre zurücklagen. 2009 gab es Unruhen, weil die Urbevölkerung – also die Uiguren – nach Unabhängigkeit strebten bzw. mehr Autonomie für sich in Anspruch nahmen. In Ürümqi starben bei den Unruhen circa zweihundert Menschen. Die chinesische Regierung nutzte die Lage damals, um die Repressionen gegen die einheimische Bevölkerung noch weiter zu verstärken. Alles wurde in den letzten Jahren mit modernster Technik und Logistik perfektioniert und das konnte ich hier bei dieser ersten Kontrolle schon sehen und erleben.
Man ließ mich mit dem Hinweis weiterfahren, dass ich schnellstens von der „Autobahn" zu verschwinden hätte. Das war mir gar nicht bewusst. Ich dachte, es wäre die einzige Straße nach Westen. Man verwies mich auf eine kleine Nebenstraße. Aber auch hier blitzte es mitten im Nichts. Es waren die Überwachungskameras, die hier meinen Weg dokumentierten. Das waren alles Kameras, die aus „Sicherheitsgründen" flächendeckend installiert wurden. Alle zwanzig bis dreißig Kilometer musste ich an einer Polizeikontrolle anhalten und mei-

nen Pass zeigen, der dann mit einem Beamtenhandy fotografiert wurde. Es fing schon ganz langsam an zu dämmern und ich begann nach einem Platz für die Nacht Ausschau zu halten. In gebührendem Abstand folgte mir ein Polizeiauto mit „Blaulicht". Ich hielt an und fragte, was los wäre. Die Beamten wollten mich nach Kaschgar eskortieren. Ich war breit und wollte nicht mitten in der Nacht in eine große Stadt. Das Theater ging hin und her und die Autos hinter mir wechselten sich ab. Es war schon stockdunkel und die Uhr zeigte fast elf an. Plötzlich waren die Lichter hinter mir verschwunden und ich nutzte meine Chance. Ich schob schnell Nasreddin ins Dunkel hinein und schlief wenig später auf der Isomatte vor dem blechernen Tor am Zaun eines Betriebes irgendwann ein. Das war mein erster Tag in China. Am Morgen, noch vor Sonnenaufgang ratterten schon auf der gegenüberliegenden Seite der Straße die Baumaschinen und ein großer Kran drehte sich. Das sind die Chinesen. Sie arbeiten von morgens bis abends und verändern das Riesenreich in rasanter Geschwindigkeit. Ich rollte durch die Vororte. Selbst hier, an jeder Kreuzung einer unbedeutenden Neben-

Start im Hof vom Hostel in Kaschgar

straße ragten weiße Masten über die Straße. Darauf waren in jeder Fahr- bzw. Gehrichtung Kameras und Blitzlichter. So funktioniert die Überwachung der Bürger auch in der Nacht gut. Überall Polizeistationen, fast in jeder großen Straße, Polizeiautos, Fußstreifen. Erinnerungen an meine vierundzwanzig Jahre in der DDR wurden in mir wachgerufen. Die totale Überwachung. Vor zwanzig Jahren war ich ja bekanntlich schon einmal mit meinem Rad, der „Else", in der Provinz Xinjiang unterwegs. Da gab es vielleicht mal zwei Polizeistationen auf dem ganzen Weg. Ich bekam sogar ein Stück Melone überreicht, alles vollkommen stressfrei. Doch was ich hier sah und auch in den kommenden Tagen erleben sollte, war eine völlig andere Welt. Da verblasst das Buch „1984" von George Orwell total.

Als ich endlich das Zentrum der alten Stadt an der Seidenstraße erreichte, nistete ich mich für drei Nächte im Hostel „Kaschgar Old Town" ein. „Old Town" (alte Stadt) ist hier aber relativ. Die Altstadt von Kaschgar dürfte sich eigentlich gar nicht Altstadt nennen. Fast alles wurde in den letzten Jahren niedergerissen

Big Brother in China – alles voller Kameras

Letzte Reste der historischen Altstadt von Kaschgar

und wiederaufgebaut. Trotzdem genoss ich die Zeit in der Stadt und erkundigte mich auch bei der „Goan Jü“, bei der Ausländerpolizei oder besser bei der Ein- und Ausreisebehörde des Büros für Öffentliche Sicherheit, ob ich mein Visum im Land verlängern könne. Ich bekam von der Visabeschaffungsstelle in Frankfurt am Main nur zweimal dreißig Tage. Als Antwort bekam ich eine für mich schreckliche Nachricht. Das Visum, das ich in den Pass eingeklebt bekam, geht nicht zu verlängern. Ich müsste das Land verlassen. Das war mit dem Rad nicht möglich. Ich kam nicht mal annähernd in die Nähe einer Grenze auf meinem Weg nach Xi'an. Etwas Panik machte sich in meinem Kopf breit. Sollte ich es zum ersten Mal nicht zu meinem Endpunkt schaffen und die Tour abbrechen müssen?

Noch am selben Nachmittag kontaktierte ich gute Freunde in Bitterfeld, die seit vielen Jahren ein Reisebüro unterhalten und mich immer exzellent mit Dienstleistungen versorgt haben. Es wurde ein Flug nach Hongkong rausgesucht und

Ein uigurischer Viehhändler in Kaschgar

das Datum noch einmal genau geprüft. Heutzutage gibt es ja zum Glück die sogenannten E-Tickets. Wir fanden einen Flughafen in Golmud. Das war weit über zweitausend Kilometer von Kaschgar entfernt, aber die einzige Möglichkeit, die Reise zu „retten." Reichliche drei Wochen Zeit, mehr als zweitausend Kilometer, die Wüste dazwischen. Die Gedanken kreisten … ich musste mich am Abend zur Ruhe zwingen. Doch die Gespräche der zumeist chinesischen Reisenden lenkten mich ein wenig ab. Ich schlief zu meinem Erstaunen gut im Schlafsaal ein, packte am anderen Morgen meine „sieben Sachen" und radelte auf der frisch asphaltierten Südroute der Seidenstraße aus der Stadt. Ich wollte am südlichen Tarimbecken entlangstrampeln und somit auch am Rand der Taklamakan, was übrigens im Uighurischen so viel heißt wie „Platz ohne Wiederkehr" oder „Wüste des Todes". Aber keine Angst. Wenn man am Rand bleibt, kommt man im Vergleich zu den alten Zeiten der Seidenstraße gut durch, selbst mit dem Rad. Der Asphalt und manchmal auch der typische Westwind tun ihr Übriges. Erst einmal rollte ich durch bewässertes Gebiet mit Feldern und Dörfern und erlebte somit auch viel Leben auf der Straße. Bauern mit ihren Dreirädern knatterten vorbei. Die kleinen Motorroller, die auch schon vor zwanzig Jahren sehr beliebt bei den Chinesen waren, hörte man aber fast gar nicht. Alles mit Akku und elektrisch. In dieser Hinsicht hat sich auch bei den Bussen in den Städten und bei so manchem Auto eine ganze Menge zum Positiven verändert.
Noch bevor ich so richtig in der Wüste war, tauchte schon wieder eine Polizeistation auf. Die Prozedur wiederholte sich. Das sollte mich noch bis weit hinter die Provinzgrenze von Xinjiang verfolgen und zu meinem Alltag in diesem Teil unserer Erde werden, und zwar bis zu fünfmal am Tag. Am Ortseingang von Golmud, so habe ich es in Erinnerung, musste ich das letzte Mal mein Reisedokument rausholen und es den Beamten vorlegen. Dahinter, weiter in Richtung Osten wurde es dann, zumindest in dieser Hinsicht, entspannter.
Irgendwann wurde es ruhiger und die bewässerte Zone mit den kleinen Feldern und Dörfern lag hinter mir. Ich war in der Wüste, am südlichen Rand der legendären und gefürchteten Taklamakan auf der Seidenstraße. Rechts und links der gut gewalzten Straße nichts als Sand und Staub.
In Xinjiang ist es strengstens verboten, wild zu zelten. Ich weiß von Berichten pradelnder „Genossen", die von der Polizei erwischt wurden und aus der Provinz gefahren wurden, sozusagen rausgeschmissen. Da war für mich guter Rat teuer. Keine Bäume, so gut wie keine Hügel, hinter denen man sich verstecken konnte. Doch das stimmt so nicht ganz. Die Chinesen pflanzen auf vielen Kilo-

Auch in Kaschgar weist Mao immer noch den Weg

Noch etwas Suppe gefällig?

metern, besonders vor und hinter Siedlungen, in mehreren Reihen Bäume und Sträucher an. Die müssen natürlich aufwendig bewässert werden und bieten ein wenig Schutz, besonders bei den gefürchteten Sandstürmen, die hier keine Seltenheit sind. Und dahinter konnte ich mich oft nachts verstecken und mein Zelt im warmen Sand der Wüste platzieren. Die Nächte waren eher warm, zu warm. Ich schwitze mich durch die Nacht und freute mich auf den Morgen, auf den Fahrtwind.

Nach zwei Tagen Fahrt verdunkelte sich der Himmel, der Wind legte zu und schob mich umso schneller durch die öde Landschaft. Ein Tiefdruckgebiet, das nicht nur Wind und Wolken mitbrachte, sondern auch tonnenweise Staub in der Luft transportierte. Vier lange Tage musste ich den Staub und den Sand ertragen und bekam die Sonne acht Tage nicht mehr zu sehen. Reguläre Wolken hatten den Himmel im Griff. Die ständigen Polizeikontrollen taten ihr Übriges. Das ging ganz schön an meine Psyche, das muss ich eingestehen. Hier hätte man einen Reisepartner gut gebrauchen können. Aber ich wusste natürlich auch, dass die Situation nicht ewig andauert, sich der Staub irgendwann legt und die Sonne wieder scheint. Wie im „richtigen Leben" eben auch.

Zwei besondere Nächte

Das Spannende an jedem Tag ist eben auch, dass der Radfahrer nicht weiß, wo er schläft. Ich werde oft gefragt, ob ich plane, wo ich die Nächte verbringen will. „Wenn ich das wüsste, würde ich gar nicht losfahren", ist dann meine Standardantwort. Und an zwei Nächte in der größten westlichen Provinz erinnere ich mich noch besonders gut.

Die erste war sehr spektakulär. Von diesem Tag gebe ich mal einen Auszug aus meinem Tagebuch vom 26. Juli 2018 zum Besten: „Alles etwas eingestaubt. Tee und altes Brot, gepackt und los. Heute Morgen viele chinesische Radtouristen getroffen. Nach 43 km Polizeikontrolle. Kurz dahinter erste Pause. Tagebuch. Gr. Portion Nudeln. Gut vorwärtsgekommen und viele chinesische Radler getroffen. (Ob die auch so kontrolliert werden?) Auf einer holprigen Umleitung ist mir meine VR-Tasche [VR = Vorderrad] in den Staub gefallen. Die Dichtung vom Tank musste ich auch auswechseln. Abends noch kurz vor Hotan eine Kontrolle angefahren (war ein Fehler) …"

Sand bis zum Horizont

Es war ein stürmischer Tag, der dritte hinter Kaschgar. Der Sturm schob mich förmlich vorwärts, über die Straße, auf der der Sand tanzte. Staub war schon überall. Auf der Haut, den Packtaschen, in der Wäsche, in den Augen. Trotz des Schiebewindes fühlte ich mich einsam, oder besser verloren in der Wüste, verloren zwischen den Elementen. Fühlte mich klein. Aber so einsam war ich gar nicht. An diesem Tag traf ich erstaunlicherweise etliche Radler, allesamt Chinesen, die mir entgegenkamen. Sie mussten sich gegen den Wind stemmen. „Die sind noch ärmer dran", und ich war dankbar, wenigstens den Wind auf meiner Seite, bzw. an meinem Rücken zu haben. Die Kilometer kollerten nur so weg. Der Tag war schon fast rum und ich hielt schon Ausschau nach einem guten Platz für die Nacht. Da tauchte noch eine Polizeikontrolle auf. „Die machst du noch", dachte ich und rollte, ohne zu zögern, darauf zu. Man begrüße mich mit dem üblichen Wort „Passport", den ich aus meinem schwarzen Dokumentenbeutel mit geübter Hand hervorholte. Nach nicht mal einer halben Stunde war ich durch und wollte mich jetzt endlich zur Ruhe begeben. Doch so einfach war

Das kannte ich noch aus der DDR: Die Polizei, dein „Freund und Helfer“

das hier nicht. Als ich weiterfahren wollte, hielt man mich zurück und machte mir verständlich, dass ich bis Hotan eskortiert werde, um mich dort an ein Hotel zu übergeben. Das waren noch über vierzig Kilometer. Unmöglich. Ich war platt und als ich auf meinen Tacho schaute, stand unter Tageskilometer die Zahl 178. Ich ignorierte die Beamten und stieg auf mein Rad, um einfach zu „flüchten“, weiterzufahren, weg von dieser stressigen Situation. Aber es kam noch schlimmer. Mein Hinterrad hatte keine Luft mehr. Ich musste den Schlauch wechseln. Es dämmerte schon ein wenig, der Sturm pfiff mir um die Ohren. Reisende und Polizei umlagerten meinen armen Nasreddin. Ich versuchte, mich nur auf den Schlauchwechsel zu konzentrieren, was mir auch erstaunlicherweise gelang. In kurzer Zeit hatte ich es geschafft und saß jetzt auf dem Rad, um mir endlich einen Platz für die Nacht zu suchen. Doch ein Kleinbus mit zwei Beamten folgte unserem Duo, in Fahrradgeschwindigkeit. Ich ließ mich nicht beirren und fragte Menschen, die an einer Vulkanisierwerkstatt standen, nach einer Möglichkeit, sicher die Nacht zu verbringen, hielt ihnen dabei meinen kleinen

Kinderaugen, die man nicht so schnell vergisst

gelben Zettel mit meinem Anliegen unter die Nase. Doch die trauten sich nicht, in Anwesenheit der Beamten, die hinter mir standen, mit mir zu kommunizieren. Ich drehte mich herum und fauchte die Beamten auf Englisch an, dass ich zweiundfünfzig Jahre alt wäre und allein auf mich aufpassen könne. Sie sollten endlich verschwinden und mich in Ruhe lassen. Zum Glück verstanden sie es nicht, blieben immer noch hinter mir stehen. Ich weigerte mich weiterzufahren. Sie riefen in der Station an und wenig später hielt ein weiteres Polizeifahrzeug neben mir an. Es stieg der Chef der Kontrollstation aus, ein junger und freundlicher Mann. Er bat mich, wieder zurückzuradeln. Es waren drei Kilometer. Und wenig später stand ich wieder auf dem Gelände, wo ich den platten Reifen repariert hatte. Nasreddin wurde ein Platz unter einer Stahltreppe zugewiesen und mir einer auf der Brücke in einem Glaskasten, in dem eine Pritsche installiert war. Nur mit Lenkertasche und Schlafsack bewaffnet, schlich ich die Stahltreppe hinauf und quartierte mich genau über der Fahrzeugkontrolle ein. Ein Beamter stand als Wache davor, interessierte sich aber eher für die Lkws und Autos, die quietschend unter mir anhielten, um durchleuchtet und durchsucht zu werden. Der Sturm pfiff die ganze Nacht und hob den Lärmpegel noch weiter nach oben. Ich schob mir die Ohrstöpsel in die Ohren und bin irgendwann endlich ins Reich der Träume, die in dieser Nacht nicht angenehm waren, hinübergewandert. Aus Erfahrung weiß ich, dass den Chinesen eher nicht die klassische Gastfreundschaft, wie ich sie aus Usbekistan, Russland oder der Mongolei kenne, im Blut liegt und man so gut wie nie eingeladen wird. Doch es gab eine Ausnahme. Es befanden sich erstaunlicherweise etliche Städte und Siedlungen hier am Rand der großen Wüste. Eine dieser Städte, für chinesische Verhältnisse eher ein Dorf, war Qiemo. Hier fand ich einen Laden, wo ich mir die Packtaschen mit „Treibstoff", also Lebensmitteln vollstopfen konnte. Auch einen Händler an der Straße, der getrocknete Früchte feilbot. Als ich alles erledigt hatte, rollte ich noch aus der Stadt, in der Erwartung dort wieder auf die fast menschenleere Wüste zu stoßen, um irgendwo sichtgeschützt mein Zelt aufstellen zu können. Doch das Grün zog sich endlos hin. Dörfer, Bauernhäuser. Es dämmerte schon, als ich

Kekspause vor einem Laden

links der Straße ein Haus mit Ummauerung sah. Wenig später stand ich vor drei Chinesen, holte meinen Zettel aus der Lenkertasche, wo mein Anliegen notiert war. Man bot mir ein Stück Beton in einem ummauerten Hof an, wo ich schnell mein Lager errichtete. Dann wurde ich ins Haus gebeten und zum Abendessen eingeladen, auch ein Schnaps war dabei. Danach sprach einer mit seinem Handy. Ich verstand nur „Dogua" (Deutschland). „Es könnte sich um mich handeln", waren meine Gedanken. Vielleicht wird er einem Freund über den nächtlichen Gast berichten. Doch wenig später standen vier Polizeibeamte vor mir und gaben mir zu verstehen, dass ich hier nicht bleiben kann. Es ist gegen das Gesetz, bei Leuten zu übernachten. Ich solle die dreißig Kilometer zurück nach Qiemo, um dort im Krankenhaus ein Bett zu beziehen. Ich protestierte und sagte, dass ich heute schon hundertdreiundvierzig Kilometer weghätte und mit zweiundfünfzig Jahren nicht mehr zurück in die Stadt fahren würde. Die Beamten zeigten auf ihr Auto, wo mein Nasreddin wenig später verstaut wurde und wir mit Blaulicht, aber ohne Sirene zurück in die Stadt düsten. Dann wurde im städtischen Krankenhaus mein Pass eingescannt und ich bekam so eine Magnetkar-

Ungewohnt: ein Lebensmittelladen hinter Stacheldraht

te, wie sie eigentlich für Hotels üblich war, nahm die wichtigsten Sachen vom Rad und ging unter Begleitung zweier Beamter zu einem mehrstöckigen Haus hinüber. Das war das Gästehaus und ich bekam für die hiesigen Verhältnisse ein Luxuszimmer und das auch noch kostenfrei. Hier konnte ich mich wenigstens warm duschen. Ich nahm die Sache hin, wie sie war, musste ich doch am nächsten Morgen wieder die dreißig Kilometer radeln, die ich schon einmal gestrampelt bin. Aber ich hatte schon weitaus schlimmere Situationen erlebt auf all den Reisen, die ich in meinem kurzen Erdendasein schon hinter mich gebracht hatte. Übrigens war das die einzige Dusche in den fünfzehn Tagen auf dem Weg von Kaschgar nach Golmud. Ja, man weiß eben nie, wo man landet. Manchmal lebst du auf einer Reise wie ein Hund und manchmal wie ein König. Aber das macht es eben auch spannend. Und wenn man auch die schlimmen Situationen gemeistert hat, so verwandeln sie sich in gute Geschichten und bleiben dann auch besonders im „Oberstübchen“ hängen. In der nächsten Provinz, Qinghai, sollte es dann auch entspannter werden. Kurze Kontrollen, weniger Polizei und Stacheldraht.

Ein teurer Stempel

Das Tarimbecken war bald Geschichte und ich bewegte mich schon weit im Westen der größten Provinz des Landes. Auch der Sturm war Geschichte und hatte sich in einen normalen windigen Tag verwandelt, der nachts jeweils verschwunden war. Ich zeltete immer noch in voller Deckung, achtete penibel darauf, dass ich von keinem Punkt der Straße zu sehen war. Die Landschaft blieb karg, wandelte sich mal von Sandwüste mit Dünen in felsige Gegend. Oft blieb sie flach, gab weite Blicke frei oder wurde bergig. Treu blieb mir für viele Tage das Kunlun-Gebirge, das abends von der Abendsonne, die zwischen zwei Wolkenbändern hervorschien, angestrahlt wurde. Irgendwie versteinert und völlig fasziniert saß ich vor meinem Zelt und vergaß fast, meinen Tee zu trinken. Einfach schöne Momente, nichts Großes, doch in Erinnerung bleibend.

Es gab auch einen Pass von 3.588 Metern, der sich aber flach auffuhr und der, wenn es nicht den kalten Gegenwind gegeben hätte, auch sehr angenehm in Erinnerung geblieben wäre. Aber alles Gute ist meist nicht beieinander. Oft dachte ich daran, wie es hier in der Antike und im Mittelalter gewesen sein könnte, als

Oben im Kunlung-Gebirge lag Neuschnee

es noch keinen Asphalt gab und als die Karawanen noch langsam unterwegs waren. Die Straße wurde hier erst vor ein paar Jahren befestigt und Wasserstellen waren rar. Die Menschen waren wahrscheinlich auch härter im Nehmen. Wie zum Beispiel auch Marco Polo, der mit seinem Onkel im 13. Jahrhundert für sehr viele Jahre in Richtung China unterwegs war und auch wieder zurückreiste. Da sind wir in unserer heutigen Zeit die totalen „Weicheier", wie man es bei mir in der Heimat salopp ausdrücken würde. Aber für mich gab es schon genug Herausforderungen und Abenteuer, die es zu bestehen galt, angepasst an das 21. Jahrhundert eben. Mit dem erwähnten Pass bewegte ich mich auch schon am Rand des tibetischen Plateaus. Und es blieb sehr hoch bis eigentlich ein paar Hundert Kilometer vor Xi'an, meinem Endpunkt.

Allerdings gab es ein Problem, das meiner traditionellen Orientierung mit Karte und Kompass geschuldet war. Meine Karte wurde im Jahre 2008 gedruckt, das war vor zehn Jahren. Und in dieser Zeit hatte sich hier fast alles verändert. So auch so mancher Straßenverlauf, und zwar gewaltig. Ich musste mich oft durchfragen. Da ich kein Chinesisch spreche, war es mehr als kompliziert, den richtigen Weg zu finden. Besser wurde es, als mich ein junger Chinese mit einem weißen Auto einholte. Wir aßen eine Honigmelone am Straßenrand zusammen. Er konnte ein paar Worte Englisch und zeigte mir auf einer chinesischen Straßenkarte, wo er noch hinwollte. Ich holte meine kleine Digitalkamera aus der Lenkertasche und fotografierte die Strecke bis Golmud ab. Dann ging alles reibungsloser vonstatten und ich erreichte ein paar Tage später die Stadt Golmud im tibetischen Gebiet. In dieser Stadt verbrachte ich bereits vor zwanzig Jahren zwei Nächte in einem Hotel, wo ich mich damals auf die Strecke nach Lhasa vorbereitete, der Hauptstadt Tibets. Doch das Hotel war nicht wiederzufinden. Im Gegenteil, ich befand mich scheinbar in einer anderen Stadt. Alles hatte sich verändert. An Hochhäuser konnte ich mich jedenfalls nicht erinnern und an breite Straßen auch nicht.

Auch nach langem Suchen fand ich keine preiswerte Unterkunft oder ein Hostel. Die gab es zwar, sie waren aber für Ausländer nicht verfügbar. Es fehlte die

Man muss sich zu helfen wissen: Ich zeigte dem Koch, was ich essen möchte

Die Orientierung in China war nicht so einfach

Ausländerlizenz. Besonders strenge Vorschriften galten hier im tibetischen Gebiet. Den Tibetern geht es auch nicht viel besser als den Uiguren in Xinjiang. Sie werden seit Jahren unterdrückt und man hat Angst, dass es wieder Aufstände gibt oder aus den Gebieten in den Medien berichtet wird. Eigentlich war ich ja auch eine Art Journalist, machte Fotos, schrieb während der Tour für zwei Zeitungen Berichte, veröffentlichte Texte und Fotos auf meinen Internetseiten und nahm so manche Videosequenz auf. Aber als Radfahrer ist man hier noch gut getarnt. Ich gab vor, Fahrradmechaniker zu sein und von meinem Chef ein halbes Jahr freibekommen zu haben, um dann wieder bei ihm weiterzuarbeiten. Das hat bisher immer geklappt. Meine Aufzeichnungen wurden nirgends gecheckt und ich wurde diesbezüglich in Ruhe gelassen. Am Tag meiner Ankunft in Golmud war es erst früher Nachmittag. Ich hatte mein letztes Nachtlager im Sand zwischen schilfartigen Pflanzen vierzig Kilometer vor der Stadt aufgebaut. Es war also noch genug Zeit bei der „Goan Jü“, der Ausländerpolizei, vorstellig zu werden. Ich wollte nichts anbrennen lassen und ihnen alle Dokumente zur Visaverlängerung in Hongkong vorlegen. Das war der Reisepass mit meinen Visa drin, die Flugbuchung nach Hongkong und zurück nach Golmud und die Rechnung des Fluges für den 17. September, der mich wieder in die Heimat bringen sollte. Nach langem Warten auf die beiden Beamten, die einigermaßen Englisch konnten und allerdings gerade in einer Konferenz waren, saß ich in einem Büro. Alle Unterlagen kamen auf den Schreibtisch und wurden begutachtet. Sie waren in Ordnung ... Hongkong gehört zwar zum Reich der Mitte, gilt aber einreisetechnisch als Ausland. Das wollte ich mir auch noch mal bestätigen lassen. Ich war mir nicht ganz sicher, aber alles schien bestens. Soweit die wichtigste gute Nachricht des Tages und ich sah am fernen Horizont den Schimmer eines Erfolges meiner Reise.

Allerdings kam die schlechte Nachricht noch, denn es gab nur teure Hotels für mich, in die ich mich einquartieren konnte. Ich wählte natürlich das billigste der teuren – das Yudu-Hotel. Was immer das heißen mag. An der Rezeption standen drei Damen. Schnell machte ich die charmante Chefin aus und ließ mir Zeit, den Preis auszuhandeln. Es waren schließlich neun Nächte und wenn alles

Freizeitmusiker in Golmud mit der Erhu, der traditionellen zweisaitigen Laute

Seit über tausend Jahren werden in China Brettspiele wie das bekannte Go gespielt

gut mit dem Flug ging noch einmal zwei. Eigentlich wollte ich schnell unter eine Dusche, mich rasieren, Wäsche waschen, mich auf ein frisch bezogenes Bett legen und den Luxus einer Stadt genießen. Aber wie gesagt, ich ließ mir Zeit und setzte meinen ganzen Charme ein, den ich eigentlich nicht habe, und wir kamen auf eine angenehme Summe von einhundertundelf Yuan, das sind knapp fünfzehn Euro pro Nacht. Nasreddin bekam einen Platz in einem Schuppen über den Hof und ich ein Zimmer im fünften Stock.
Die kommenden Tage verbrachte ich damit, mich auszuschlafen, durch die Stadt zu schlendern, in der es nicht so viel zu sehen gab, und ein paar Fotos zu schießen. Gegenüber dem Eingang des Hotels befand sich ein muslimisches Restaurant, das ich zu meinem Stammlokal erkor. Mindestens zweimal jeden Tag schlurfte ich hinüber, um mir Nudeln mit Gemüse oder auch mal Kartoffeln zu gönnen. Fleisch esse ich schon seit vielen Monaten nur sehr eingeschränkt bis gar nicht. Das kann man hier in China gut durchziehen. Es gibt zwar an jeder Ecke Fleisch zu den Mahlzeiten, aber eben auch viele vegetarische Gerichte. In der Regel wird in den einfachen Restaurants und Garküchen das Essen frisch zu-

In einem Restaurant in Golmud: Meine Nudeln werden serviert

bereitet, das heißt, selbst die Nudeln werden aus einem Teig gezogen und dann frisch gekocht. Auf dem Tisch liegt dann meist, so auch in meinem Stammlokal, viel Knoblauch, an dem sich alle, auch der Weltenradler reichlich bedienen. Und mit Stäbchen zu essen, habe ich auch noch nicht verlernt. Das geht ziemlich schnell und dann hat das sogar ein Anfänger drauf.

Doch eigentlich waren die Tage langweilig und schienen nicht zu vergehen. Ich saß allein in meinem Zimmer. Alle anderen Gäste waren aus China und etliche wollten oder kamen aus Tibet, aus Lhasa. Ausländer oder Reisende aus anderen Teilen der Welt, mit denen man sich hätte unterhalten können, waren in der ganzen Zeit, die ich in Golmud verlebte, nicht zu sehen.

Mit der schwindenden Zeit bis zum Abflug nach Hongkong stiegen meine Bedenken, kreisten die Gedanken und ich wurde unruhiger. Solange ich nach Hongkong unterwegs wäre, müsste ich mein treues Gefährt im Yudu-Hotel zurücklassen. Und wenn irgendwas schiefginge, zum Beispiel, wenn etwas mit dem Visum nicht klappen würde, wären wir getrennt und es gab keinen Plan B. Ich sah mir mit meinem kleinen Laptop ein paar Dokus in den Mediatheken an

und las in einem Buch von Hermann Hesse. Aber ich langweilte mich eben streckenweise schon ein wenig. Das ist für mich als energiegeladener Mensch eine schwierige Situation. Eines Morgens klappte ich meinen Rechner auf und fing an, meine Erlebnisse einzutippen. Es lief gut, der Text wurde immer mehr und so war das „Samenkorn“ für dieses Buch gelegt.
Doch am 17. August wurde es ernst. Ich fuhr mit dem Taxi zum kleinen und brandneuen Flughafen von Golmud. „Bewaffnet“ nur mit meiner Kameratasche und einem kleinen Faltrucksack. Ich war viel zu früh da. Nur ein weiterer, älterer Herr teilte sich mit mir die Flughafenhalle. Es war fast still. Eine Automatikstimme krächzte an einer Tür immer den gleichen Text. Dann kam Bewegung in den „Laden“ und die Halle füllte sich ein wenig. Auf ging's zum Schalter und den Pass vorgelegt. Alles war bestens. Wie ein kleines Wunder. Der Flug wurde in Bitterfeld gebucht und war hier in den Systemen, wie selbstverständlich. Das sind die guten Seiten der digitalen Revolution. Ich war erleichtert, bat um einen Fensterplatz, ging zum Gepäckdurchleuchten, zur gründlichen Körperkontrolle

Der Fleischmarkt in Golmud

und wenig später waren wir in der Luft auf dem Weg, und jetzt kommt's: nach Xi'an. Das war mental schwer für mich zu ertragen, denn Xi'an war ja mein eigentliches Ziel, was ich langsam mit dem Rad erreichen wollte. Und jetzt düst man in zwei Stunden einfach so hin. Da wurde mir wieder bewusst, dass Fliegen mit Reisen überhaupt nichts zu tun hat. Es zerstört das Gefühl für Zeit und Raum im Kopf. Bei mir ist das jedenfalls oft so der Fall. Außerdem zerstört der Mensch mit jedem Flug auch ein wenig unserer schönen Erde, unser blaues „Raumschiff", auf dem wir leben. Und ich bin Teil der ganzen Zerstörung. Das ist mir bewusst. Man ist aber in diesem „Hamsterrad" irgendwie auch gefangen und ein Entkommen scheint unmöglich. Ich musste die Gedanken ausblenden, sah jetzt China von oben, die Steppe, Seen und Städte. Ich schlief kurz ein und schon kam die Ankündigung für die Landung. Ich klappte die Sitzlehne nach vorn, schnallte mich an und war Minuten später auf dem Rollfeld des riesigen und selbstverständlich neuen Flughafens der alten Kaiserstadt Xi'an. Es war schon nach zwei Uhr in der Nacht. Der Anschlussflug war um zehn Uhr vormit-

Blick auf Hongkong

tags. Ich suchte mir drei Sessel ohne Lehne, die in einer Reihe montiert waren, und legte mich dort auf meinen Seidenkokon, der eigentlich in den Schlafsack gehört. Es war warm. Und tatsächlich schlief ich ein paar Stunden in der hell erleuchteten Halle. Am 18. August war ich wieder in der Luft, erreichte Hongkong und somit den subtropischen Süden des Landes. Ich bekam den ersehnten Ausreisestempel, trank einen Tee, drehte mich auf der Hacke rum und stand wieder am Schalter der chinesischen Zollbehörde, wo ich meinen Pass vorlegte. Die Spannung in mir stieg. Er schaute sich das Visum an, nahm den Stempel in die Hand und krach, war der Einreisestempel drin. Ich atmete auf und war glücklich über weitere dreißig Tage, die ich im Reich der Mitte weilen durfte. Glücklich auch, meinen Nasreddin, der in Golmud wartete, wiedersehen zu können. Mit drei Flügen durchs Land war ich am nächsten Tag, kurz vor Mitternacht, wieder in meinem Hotel, checkte ein und wollte es mir in meinem muslimischen Stammlokal schmecken lassen. Es hatte noch auf und die nette Familie schien schon auf mich zu warten. Es gab Nudeln mit Gemüse.

Letzte Etappe

Der Hausmeister des Yudu-Hotels schloss die Stahltür auf. Ich sah mein Rad stehen und war glücklich, dass es jetzt endlich weitergehen konnte. Die letzte Etappe von tausendachthundert Kilometern stand an, fast ein Katzensprung im Vergleich zur bereits abgerollten Strecke von elftausend Kilometern. Aber man sollte auch die kleinste Strecke nicht auf die leichte Schulter nehmen, das lehrte mich die Erfahrung der letzten zwanzig Jahre. Meine Gedanken waren schon auf der Strecke: Was würde mich hier noch erwarten? Komme ich gut durch? Würde ich von Unfällen verschont bleiben? Wie sind die Menschen weiter im Osten? Ich hing die Packtaschen an die Gepäckträger, schnürte den Packsack und die Tasche darüber und verabschiedete mich noch vom Personal, das mir inzwischen ans Herz gewachsen war. Wenn man lange an einer Stelle bleibt, dann wird es einem schon manchmal komisch beim Abschiednehmen. Ich vergleiche das immer mit einem Baum. Wenn man ihn pflanzt und rupft ihn schon am anderen Morgen wieder heraus, dann hat man noch leichtes Spiel. Wird er aber nach Monaten oder Jahren aus der Erde herausgerissen, so hat er bereits Wurzeln geschlagen und es geht nicht mehr so einfach.

Der Hausmeister des Yudu-Hotels in Golmud

Jetzt stand nur noch der Hausmeister, der mich an Mao Zedong erinnerte, in seiner Arbeitskleidung mit der typischen Schirmmütze auf dem Hof. Er schaute mir noch nach, wie ich verschwand. Zwei-, dreimal musste ich Leute nach der Straße, die zur Provinzhauptstadt Xining führte, fragen, dann war ich auf Kurs. Xining, dann kam Lanzhou und weiter hinten, weiter im Westen, Xi'an.
Rückenwind trieb mich an diesem sonnigen Tag aus der Stadt. Die Temperaturen waren angenehm. Kein Wunder, befand ich mich doch auf zweitausendachthundert Metern Höhe. Ein paar Kilometer weiter, schon kam mir ein Tibeter zu Fuß entgegen. Er wollte noch bis Lhasa laufen und zog einen großen Hänger hinter sich her. Ich gab ihm ein kleines Stück Papier, auf dem ein Windpferd gedruckt war. Ich hatte ein paar davon in der Tasche, um ab und zu ein Papierfähnchen vom Wind wegtragen zu lassen, wenn ich einen Wunsch hatte …, eine alte tibetische Tradition. Ein Freund und Bergpartner gab sie mir mit auf den Weg. Er hatte sie aus Nepal. Der Tibeter schaute verwundert und freudig auf das kleine Geschenk, steckte es ein und setzte seinen Weg fort. Ich ebenfalls. Es

rollte sich sehr gut an diesem ersten Tag nach der langen Wartezeit, dem langen Nichtstun, zumindest was den Körper angeht.

Wenig später gab es die nächste Begegnung. Das passte. Pünktlich zur Mittagszeit traf ich auf ein Restaurant, das eher einer Baracke glich. Davor stand ein bepacktes Rad. Das Gepäck war aber nur über dem Hinterrad verstaut. Eine Federgabel hielt das Vorderrad in Position. Ein starkes Indiz dafür, dass es sich um einen chinesischen Radreisenden handelte. Chinesische Fernradtouristen traf ich auch schon in der Provinz Xinjiang vor zwanzig Jahren und war mit ihnen ein paar Tage unterwegs. Aber das war eher ein Ausnahmefall. Heute ist das Radreisen sehr populär geworden, und ich traf auf sehr viel mehr dieser Typen mit Rad und Gepäck.

Ich stellte meinen Drahtesel ab, nahm die Lenkertasche in die Hand und ging hinein. Am Tisch in der rechten Ecke sah ich ihn gleich. Ein hagerer, junger Mann, geschätzte Mitte dreißig. Er lud mich dazu ein, an seinem mit Reis und scharfem Gemüse gefüllten großen Teller mitzuessen. Er stellte sich als Tiger

Mit dem „Tiger“ war ich nur ein paar Stunden unterwegs

vor. Sein richtiger Name war Peng Mingfang und er fragte mich gerade heraus, ob wir nicht gemeinsam bis zu seinem Ziel Xining fahren könnten. Die Kommunikation war hervorragend. Er sprach sehr gut Englisch. Ich sagte nicht Ja und nicht Nein.
Gemeinsam stiegen wir auf unsere Räder und ließen uns von Rückenwind weiter nach Osten schieben. Vierzig Kilometer weiter bat er um eine Pause. Er war platt. Ich voller Energie. Ich fühlte mich schlecht, als ich ihm sagte, dass ich allein weiterwollte. Er schrieb mir noch ins Tagebuch: „Good luck. Bon voyage."
Ich verschwand hinter dem Horizont und kurbelte an diesem Tag schlaffe hundertneunundachtzig Kilometer. Die Nacht verbrachte ich im Zelt und genoss die Ruhe der Wüste. Die Sterne sah ich an diesem Abend als Löcher im Himmel, die das Licht aus einer anderen Welt durchscheinen ließen. Die Tage flogen nur so vorbei und ich kam gut voran, kämpfte mich durch die Berge, fuhr am riesigen Qinghai Hu (Qinghai-See) vorbei. Hier lagerten Tibeter in ihren bunten Sommerzelten mit ihren Tieren: Yaks, Schafe und Kühe. Die Landschaft wurde

Auch eine Yakkuh gibt Milch

grüner. Erst durchfuhr ich grüne Steppe und mit jedem Meter, den ich mich vom See entfernte, ging es tendenziell bergab. Hier tauchten dann Sträucher, Bäume und Felder auf. Die Siedlungen wurden dichter und größer. Ich kam ins eigentliche China, denn fast alle Einwohner leben hier im Osten. Der Westen, bestehend aus Wüsten, Bergen und Hochebenen, ist lächerlich dünn besiedelt. Das wurde mir mit der ersten Großstadt bewusst, die ich erreichte. Ich benötigte Stunden, um mich durch Xining durchzuschlagen. Endlose Hochhaussiedlungen, dichtes, aber geordnetes Gewusel auf den Straßen. Ich befand mich wieder auf der Seidenstraße. Mit der Fahrt über Golmud verließ ich für ein paar Tage den Hauptarm dieser traditionellen Handelsroute. Aber ich sehe das nicht so eng. Es war praktisch eben nicht immer möglich, jeden Meter darauf zu fahren. Ich fuhr sozusagen meine eigene Seidenstraße, wenn man das so ausdrücken kann. Jetzt wurde es nur noch hügelig, keine tausend Meter hohen Pässe mehr. Dafür schwüle Luft pur. Schon der Gedanke an Bewegung ließ bei mir den Schweiß aus den Poren strömen, und die Nächte waren nicht besser. Es war zwar nicht so schlimm wie in Südostasien, aber nicht weit davon entfernt. Die Täler wurden breiter und jeder Quadratmeter schien bebaut zu sein. Kein Platz für das Zelt, keine ruhige Stelle für die Nacht. So schien es jedenfalls. Ich musste mir etwas einfallen lassen und wurde schnell fündig. An den Hängen klebten die Terrassenfelder, aber keine Reisfelder, wie es sich der Leser vielleicht vorstellt. Das wäre mir zu nass gewesen, sondern hier gab es normale Erde, bebaut mit Mais, Weizen, Gemüse. Dazwischen auch mal ein Feld, was nicht bewirtschaftet war. Dort hinauf schob ich Nasreddin, errichtete mein Lager und hatte meine Ruhe. Doch eines Morgens, als ich mein morgendliches Geschäft verrichtet hatte, kam eine alte Frau an meinen Platz. Ihr Alter war schwer zu schätzen. Sie könnte um die achtzig Jahre gewesen sein. Sie stand lange vor meinem Zelt. An ihrem Blick konnte ich ausmachen, dass sie die ganze Sache nicht einordnen konnte. So was hatte sie bestimmt noch nicht gesehen. Aber keine Angst, die Chinesen sind in der Hinsicht stressfrei. In den USA kann so etwas im wahrsten Sinn des Wortes tödlich enden, wenn sich der Reisende ungefragt auf Privatgrund stellt und früh vom Besitzer mit einem Gewehr geweckt wird. Die Alte hingegen ging ihres Weges ohne einen Ton. Das war sicher nicht ihr Feld, auf dem ich stand. Ich frühstückte noch in aller Ruhe, bestückte mein Rad, rollte runter zum Asphalt und setzte meinen Weg fort. Die Kilometer schmolzen nur so dahin und Xi'an rückte schnell näher. Die nächste Großstadt, jedenfalls, was ich darunter verstehe, war Lanzhou. Aber für chinesische Verhältnisse ist das

Die typischen Terrassenfelder

eher eine „Kleinstadt“ mit knapp vier Millionen Einwohnern. An der Ostküste des Riesenreiches gibt es unzählige Millionenstädte. Zum Beispiel ist Schanghai die zurzeit größte Metropolregion mit schlaffen vierundzwanzig Millionen Menschen. Das schnell wachsende Shenzhen könnte Schanghai schon den Rang abgelaufen haben. Und wenn der Leser das Buch in der Hand hält, ist das schon wieder Geschichte. Alles ist im rasanten Tempo im Wandel, am Wachsen.

Auch hier, in Lanzhou, benötigte ich Stunden, um durchzukommen. Als ich mich verfahren hatte, fand sich ein Verkehrspolizist, der sich auf sein Motorrad schwang und mich mit Blaulicht zur richtigen Stelle am Stadtrand lotste.

Noch ein paar mehr schweißtreibende Tage und ich lagerte dreißig Kilometer außerhalb des Zentrums von Xi'an, sozusagen schon am Stadtrand. Es war schwer, überhaupt noch einen Platz zu finden. Alles zugebaut. Na ja, fast alles. Es war immer noch eher eine ländliche Gegend. Ab und zu gab es ein kleines Feld oder ein kleines Waldstück. Ich versuchte die Berge zu erreichen und so-

Letztes Nachtlager vor Xi'an

mit auch ein brach liegendes Feld. Doch als ich mich schon fünf Kilometer weit von der Hauptstraße entfernte, kamen sie immer noch nicht näher. Die Sonne war bereits am Horizont angekommen. Kurzerhand bog ich links ab und stand wenig später mit meinem Zelt an Rand eines Maisfeldes. Das Wehr eines Wasserkanals rauschte in der Nähe. Zikaden tönten ihr „Lied" und Grillen kamen zu Besuch. Auch ein paar Mücken surrten mir um die Ohren. Die übliche schwüle Luft trieb mir nach einer Tasse Tee wieder den Schweiß aus den Poren. Doch das machte mir überhaupt nichts mehr aus. Ich war glücklich, es bis hierhin geschafft zu haben. Noch zwei, drei Stunden im Sattel und ich war am Ziel, oder besser am Endpunkt angelangt. Ich legte mich auf mein Seideninlett, schloss die „Tür" meines kleinen Zuhauses, des Einmannzelts, und konnte durch die Gaze die Sterne funkeln sehen.

Es war das westliche Stadttor der riesigen Mauer von Xi'an, dass ich am nächsten Tag anvisierte. Ich kurbelte durch den dichten, aber auch disziplinierten Straßenverkehr dieser Viermillionen-Stadt. Mit voller Konzentration kam ich der historischen Altstadt näher, wollte ich doch auf den letzten Metern hier keinen Fehler machen und vielleicht noch einen Unfall bauen. Dann tauchte sie auf, die Mauer der Altstadt. Ein paar Minuten weiter sah ich das Westtor. Es kribbelte in meinem Körper und ich war wie von Sinnen. Ich konnte mich nur noch mit Mühe auf den Verkehr konzentrieren. Ich suchte eine Stelle, an der ich das Zielfoto machen konnte. Rechts neben dem Westtor an einem großen Mauerdurchbruch fand ich sie …

Auch Xi'an musste an die modernen Verkehrsbedingungen angepasst werden. So wurde die Mauer an etlichen Stellen der knapp dreizehn Kilometer langen Stadtbefestigung einfach durchbrochen, damit der motorisierte Verkehr durch sie hindurchfließen konnte, denn der runde Torbogen im Westtor wäre viel zu klein. Das ging noch gut für die Kamelkarawanen, die hier auszogen, um Waren in Richtung Westen, in Richtung Europa zu befördern, und für die Reisenden und Händler, die hier in historischen Tagen ihre Waren in die Metropole brachten. Aber es wurden nicht nur Waren, sondern auch Religionen und vor allem Ideen ausgetauscht. Als ich mein Stativ aufgebaut und meine Spiegelreflexkamera darauf montiert hatte, wurden eine chinesische Reisegruppe und Passanten

Am Endpunkt der Reise

auf die Szene aufmerksam. Ich wurde umringt und beglückwünscht zu meinem Tour-Erfolg. Einer aus der Menge war schon in Berlin, ein anderer sprach mich auf Deutsch an. Er hatte unsere Sprache auf der Abendschule gelernt. Ein Kind stand staunend an meinem bepackten Rad. Von mir fiel eine Last ab. So könnte man es vielleicht bezeichnen. Ich hatte es geschafft. Nach all den Hindernissen, den Unsicherheiten, die es auf diesem Weg für mich gab, hatte ich nun endlich auch diese Reise im „Sack". Was für ein Moment! Der Reisende fühlte sich für einen kurzen Augenblick unsterblich. Nachdem die Fotos auf der Speicherkarte waren, packte ich Kamera und Stativ wieder ein und rollte mit geschwollener Brust ganz langsam hinein in die ehemalige Hauptstadt Chinas.

Xi'an und Schluss

„Facebook-Hostel" war ein provozierender Name. In China sind alle Google-Dienste, eben auch Facebook und viele andere Seiten blockiert. Um die dreißigtausend Beamte (!) durchforsten Tag und Nacht das Netz, um Chinakritisches von Volk und Vaterland fernzuhalten. Auch alle sozialen Netzwerke á la USA und so weiter sind nicht auf normalem Weg abrufbar. Eine Diktatur – und das Reich der Mitte ist eine Diktatur – hat immer Angst vor der Mündigkeit des Volkes, vor eigenem Denken, vor freiheitlichem Gedankenaustausch.
Für die Bürger hier sind von der Partei eigene Seiten eingerichtet, die man natürlich auch besser kontrollieren kann.
Aber zurück zum Facebook-Hostel. Hier quartierte ich mich für die restlichen Tage meiner Reise ein. Zumindest eine Englisch sprechende Person arbeitete in dieser Unterkunft, die sich rührig um jeden Gast kümmerte. Der Bettenpreis war mehr als human, die Atmosphäre super. So waren die Grundlagen gelegt für angenehme letzte Tage. Es gab in und um Xi'an sehr viel zu entdecken, wie zum Beispiel die Terrakotta-Armee des ersten Kaisers, der in der Nähe vor zweitausendvierhundert Jahren unter einer riesigen Erdpyramide beigesetzt wurde. Oder die Stadtmauer mit ihrer breiten Krone, auf der man auch Radfahren kann, oder die große Wildganspagode mit ihrem buddhistischen Tempel aus dem Jahr 647. Zum Pflichtprogramm gehörten auch der Glockenturm und der Trommelturm, die sich unübersehbar im Zentrum der Altstadt befinden. Jeden Abend wurde durch den Trommelschlag das Hochziehen der vier Zugbrücken

Im Handyzeitalter angekommen

Gläubige im Gebet versunken

an den Stadttoren veranlasst. Morgens ließ man sie wieder herunter, nachdem die große Glocke geschlagen wurde.
Auch die große Moschee ist mehr als sehenswert und sehr alt. Sie ist eine der größten Moscheen Chinas. Um sie herum befindet sich ein großer Markt voller Lebendigkeit und kulinarischer Köstlichkeiten. Zu erwähnen wären noch die kleine Wildganspagode, der Tibetische Tempel und etliche Museen. Auch hier tippte ich fleißig meine Buchtexte weiter, besorgte mir zwei Radkartons vom Fahrradladen und machte meinen Nasreddin flugfertig. Die letzten Tage verbrachte ich mit Kelly, die in unserem Hostel einquartiert war. Kelly arbeitete als Übersetzerin in einer Stadt an der Ostküste und sprach ein exzellentes Englisch. Als sie meine Kamera sah, bat sie mich, ein paar Porträtfotos von ihr zu machen. Wir suchten uns verschiedene schöne Stellen und ich habe tatsächlich das eine oder andere gelungene Bild von Kelly hinbekommen.
So vergingen die Tage auch hier wie im Flug. Ein gutes Zeichen, dass man gut in Bewegung ist, das gilt vor allem für den Kopf. Es war Sonntagmorgen, der 16. September. Zum letzten Mal stieg ich aus dem Doppelstockbett, duschte mich und spazierte letztmalig durch die Straßen der Kaiserstadt. Ich packte die übrigen Sachen in den großen Kunststoffsack, den ich die ganze Zeit mitgeführt hatte und umwickelte ihn mit reichlich Klebeband. Der Nachmittag schien besonders schnell zu vergehen. Ein Kleinbus war schon Tage vorher geordert und parkte überpünktlich halb zehn vor der Tür des Facebook-Hotels. Radkarton, Sachen und Handgepäck waren schnell im Bus verstaut. Ich verabschiedete mich hastig vom Personal und sprang ins Taxi. Und dann rollten wir langsam aus der Stadt. Mir war irgendwie mulmig im Magen. Das lag nicht am Essen, weil das hier sehr gut gewesen war. Nein, es ging nach Hause. Nach fast einem halben Jahr wieder zurück zum Ausgangspunkt, zurück nach „good old Germany", zurück in meine andere Welt. Die Hochhäuser zogen an der Autoscheibe vorbei, hell beleuchtete Straßen, Verkehr. Doch wir kamen gut durch. Man half mir noch beim Ausladen und ich schob den voll beladenen Trolley in die Abflughalle. Der Flug ging erst am nächsten Tag um zehn Uhr fünfunddreißig. Das war mir aber zu knapp. Ich wollte auch hier nichts anbrennen lassen und auf Nummer sicher gehen. Dazu kam noch, dass der 17. September den absolut letzten Tag meiner Aufenthaltserlaubnis darstellte. Ich suchte mir hier, wie gehabt, drei Stühle ohne Lehne und konnte tatsächlich wieder auf ihnen ein paar Stunden schlafen. Pünktlich öffneten die Schalter der Firma „Finnair", der einzigen Fluglinie übrigens, die mein Rad zu normalen Konditionen nach Europa

Auch in Xi'an war die Armee präsent

transportierte. Bei der Gepäckkontrolle wurde ich zu meinem Gepäck gelotst und musste es aufmachen. Ein verdächtiger Gegenstand wurde gesichtet. Es war ein Benzinfeuerzeug, mit dem Konterfei von Mao Zedong drauf. Es war neu und folglich nicht mit Benzin gefüllt. Ich entfernte den Feuerstein und steckte es wieder an seinen Platz zurück. Die Beamten akzeptierten das nur widerwillig. Dann erfolgten die übliche gründliche Körperkontrolle und schließlich die Passkontrolle. Als ich am Schalter stand, schickte mich der Mensch in Uniform in dem Glaskasten vor mir wieder zurück. Der Weltenradler hatte, wie so oft, das Ausreiseformular nicht ausgefüllt. Der Zettel war schnell mit Namen und Reisepassnummer und so weiter versehen. Jetzt stand ich wieder als Letzter in der Schlange und wenige Minuten später vor dem gleichen Beamten. Jetzt wurde es ein letztes Mal richtig spannend. Der Zettel schien vorbildlich ausgefüllt zu sein und wurde weggelegt. Er hatte jetzt den Pass beim Wickel und schien auf die Seite mit dem Chinavisum gestoßen zu sein. Lange beäugte er das Visum und die Stempel darin. Dann hob er den Kopf und sagte mit verschmitzt strenger Miene „This is your last day!“ – „Yes“, antwortete ich mit überlegener Ruhe und grinste. Er grinste ebenfalls, nahm den Stempel in die Hand und krach, war der letzte Stempel der Reise im Pass. Es war vollbracht! Jetzt gab es nur noch den Flug und ein paar Bahnkilometer zu meistern. Dann war Schluss – endgültig Schluss.

Der Flug nach Helsinki verlief ohne Komplikationen und der Airbus landete pünktlich in der Hauptstadt von Sauna und den tausend Seen. Hier gab es nur einen müden Blick eines finnischen Beamten in den Reisepass. Zumindest war ich jetzt schon mal in Europa und fühlte mich hier bereits ein wenig wie zu Hause. Weiter ging's nach Frankfurt am Main und dann die ganze Nacht in Personenzügen nach Halle an der Saale. Die Sonne ging schon auf und es deutete sich ein warmer Tag an. Ich entschied mich, bis Bitterfeld zu radeln. Die frische Luft und das Frühstückspicknick am Feldrain taten sehr gut. Die Räder drehten sich nur langsam und hatten es nicht eilig nach Hause zu kommen.

Die offizielle Begrüßung war sowieso erst einen Tag später. Die Nacht davor verbrachte ich noch bei guten Freunden, übrigens den Menschen, die mir die Flüge organisiert hatten. Sie haben ein Haus mit Dachterrasse. Dort oben über den Dächern von Bitterfeld rollte ich ein letztes Mal meinen Schlafsack aus und ließ mich von der blutroten Morgensonne wecken. Gegen Mittag, genau um elf, wurde ich am Servicebüro unserer Stadtwerke auf dem Marktplatz von Bitterfeld in Empfang genommen. Einige Bürger und Freunde und eine Delegation aus meiner Patenschule hatten sich zur Begrüßung eingefunden. Die Reporter der lokalen Medien bombardierten mich mit Fragen und beglückwünschten mich zur gelungenen Reise und zu meinem dreiundfünfzigsten Geburtstag, der auf den Tag meiner Ankunft fiel. Dieser letzte Tag der Seidenstraßentour endete im Kreis meiner Freunde, Eltern und Nachbarn im Garten bei Bier und Lagerfeuer. Einen besseren Abschluss hatte ich mir nicht träumen lassen.

Epilog

Wenn einer eine Reise macht, so kann er was erzählen, erzählen über eine fantastische Radtour der Seidenstraße folgend hin zur aufgehenden Sonne, ins Reich der Mitte.

Das habe ich mit diesem Buch versucht umzusetzen. Erzählen könnte man sicherlich noch mehr. So sind hier nur einige der Sachen beschrieben, die für mich wichtig erschienen, damit der Leser gut und zügig meinen Weg nach China nachverfolgen kann. Die Reise war für mich auch ein Geschenk, so wie die davor geradelten Touren auch. Ich hätte mir in meiner Jugend, es war die Zeit der DDR, nicht mal ansatzweise vorstellen können, dass ich so viel von unserer Welt sehen darf. Wenn sich die Speichen durch die Länder Zentralasiens oder im Reich der Mitte drehten, dachte ich immer mal wieder daran, dass das früher für mich nicht möglich war. Etliche Menschen, denen ich manchmal auf der Straße begegne, und Gäste in meinen Vorträgen fragen mich, was meine nächsten Pläne sind. Manchmal zucke ich nur mit den Schultern und sage, dass ich doch gerade erst einmal von der Tour zurück bin, und ich drehe den Spieß dann um und sage, dass man dankbar sein sollte, das alles erleben zu dürfen. Und das bin ich tatsächlich! Geschuldet ist das sicherlich auch meiner Zeit als Kind und Jugendlicher in einer Diktatur, in der Reisefreiheit, ja Freiheit als solche, praktisch nicht existierten.

Auf einer Reise lernt man wieder, die kleinen Dinge zu schätzen und freut sich am puren Leben. Das geht hier in Mitteleuropa oft im Alltag unter. In China und manch anderem Land auf der Strecke, habe ich wieder unsere Demokratie und Freiheit zu schätzen gelernt. In der Hinsicht haben wir paradiesische Zustände im Vergleich zum Weltmaßstab. Meine Reiseziele sind ja bekanntlich nicht die touristischen Sehenswürdigkeiten, sondern das reale Leben, eben das Leben, so wie es ist.

Das kann schockierend sein wie die Polizeipräsenz und die Unterdrückung von Minderheiten in Westchina oder eben auch die schönen Dinge bereithalten wie die Gastfreundschaft und die ausgeglichenen Menschen in Usbekistan. Da ist man mit einem Fahrrad sehr gut beraten. Denn man fährt, oder besser radelt langsam und auf Augenhöhe durchs Land, hat sehr guten Zugang zur Bevölkerung, wird oft eingeladen und kann sich dann im realen Alltag der Menschen umschauen. Das sind die eigentlichen Reiseerlebnisse, für die es sich lohnt, unterwegs zu sein. Davon gab es auf der Seidenstraßentour reichlich.

Jetzt, da diese Reise sich zeitlich schon etwas entfernt hat und sich immer weiter entfernt, kann ich schon ein wenig Resümee ziehen. Wenn ich so auf die relativ kurze Zeit zurückblicke, die ich im Frühjahr und Sommer 2018 unterwegs war, so kann ich zu Recht sagen, dass die Tour erlebnisreich und spannend war. Zwischendrin hatte ich manchmal das Gefühl, für Jahre unterwegs zu sein, doch mit

Gewebte Buddha-Darstellung im Lamatempel von Xi’an

Die Kontakte mit den Menschen vor Ort waren das Schönste

dem Ende der Reise, vor allem in den letzten Tagen und Stunden, kam es mir vor, als ob ich erst vor vierzehn Tagen aufgebrochen sei. Da sieht man wieder, dass sich alles im Kopf abspielt und die Sicht auf die Dinge von der Perspektive abhängen. Auch diese Tour hat meinen Horizont wieder ein wenig erweitert und mich mehr Toleranz und Verständnis für den Anderen gelehrt. Das war vor meiner Reisetätigkeit nicht in dem Maße der Fall. Das Leben und Miteinander auf unseren Planeten bedeuten Vielfalt, unterschiedliche Ansichten, unterschiedlicher Glaube, kurz gesagt: Unsere Welt ist bunt. Und das ist auch gut so, wenn auch nicht immer einfach.

Trotzdem einen uns die riesigen Probleme für die nahe Zukunft, die wir gestalten müssen: Es sind die globalen Probleme, wie zum Beispiel der ausufernde Turbokapitalismus und die damit verbundene Ausbeutung unserer Ressourcen, Überbevölkerung, Plastikmüll, der sich überall ausgebreitet hat, und vor allem das Klima. Es wird immer wärmer auf unserem Planeten. Wenn wir das nicht in den Griff bekommen, werden wir bald nicht mehr existieren. Aber es geht ja nicht nur um uns. Wir haben eben auch Verantwortung für unsere Mitgeschöpfe, die Tiere, und für die Pflanzen. Diese globalen Probleme können auch

eine Chance für unser Miteinander sein. Denn nur gemeinsam als Weltgemeinschaft können wir es schaffen und müssen deshalb in der kommenden Zeit etwas mehr zusammenrücken.
Die historische Seidenstraße oder das große Netz der Handelsstraßen zwischen Okzident und Orient, zwischen Ost und West, war in dieser Hinsicht auch ein gutes Beispiel für den Austausch, nicht nur von Waren. Man lernte sich auch näher kennen und verstehen.
Für mich ist das Unterwegssein ein gutes und interessantes Leben. Ich meine damit nicht nur das Reisen in die fernen Länder, sondern auch die kleinen Touren am Wochenende mit Faltboot, Fahrrad oder zu Fuß. Rüdiger Nehberg, unser schon zitierter Überlebenskünstler aus Hamburg, bezeichnet es als „Abenteuer vor der Haustür".
Auf der Seidenstraße war ich wieder allein unterwegs. Doch allein ist relativ. Gerade als Radfahrer ist man immer auf die Menschen vor Ort, auf deren Gastfreundschaft und Hilfe angewiesen. Bei denen möchte ich mich an dieser Stelle bedanken. Bedanken möchte ich mich auch bei meinen Eltern, die mir trotz ihres hohen Alters während meiner Abwesenheit sehr unter die Arme greifen. Sie managen meine Reisen nun schon seit mehr als zwanzig Jahren und sähen es vielleicht lieber, wenn ich mit Frau und Kind im Haus nebenan wohnen und ein „normales" Leben führen würde. Aber sie sind auch ein wenig stolz darauf, was der Sohnemann macht und freuen sich, wenn sich mein Dasein erfolgreich gestaltet. Auch meinem Freund Andreas sei an dieser Stelle gedankt. Er begleitet meine Selbstständigkeit und die Touren nun schon viele Jahre, gab mir so manchen Tipp und beriet mich in vielen Fragen. Er war es auch, der sich um meine Facebook-Seite gekümmert hat, während ich in China weilte. Dort ist sie gesperrt.
Nun, ich bin kein Schriftsteller und benötige für die von mir getippten Texte hier und da eine helfende Hand, bevor ich sie meinem Verlag überhaupt anbieten kann. Gedankt sei an dieser Stelle auch Dorothee, die eine Freundin ist und als Lehrerin in meiner Patenschule, dem Heinrich-Heine-Gymnasium in Wolfen, arbeitet. Sie und einige andere Menschen, wie zum Beispiel Merle, eine Schülerin an dem Gymnasium, haben sich bereit erklärt, das Manuskript ebenfalls nach Fehlern zu durchforsten.
Und schließlich ein Dankeschön an die vielen Menschen, die in Gedanken mitgeradelt sind und mir die Daumen gedrückt haben. Es scheint geholfen zu haben. Danke!

Umschlagfotos vorn: Coverfotoshooting im Norden Usbekistans
Umschlagfotos hinten: oben: Abfahrt aus Istanbul; unten v. l.: Detail eines daoisischen Tempels; zwei „Wüstenschiffe" im Abendlicht; am Regestan-Platz in Samarkand; auf dem Viehmarkt in Kaschgar

Bibliografische Information der Deutschen Nationalbibliothek
Die Deutsche Nationalbibliothek registriert diese Publikation in der Deutschen Nationalbibliografie; detaillierte bibliografische Daten im Internet unter http://d-nb.de.

2., durchgesehene Auflage 2024

www.mitteldeutscherverlag.de

Gesamtherstellung: Mitteldeutscher Verlag, Halle (Saale)

ISBN 978-3-96311-901-9

Printed in the EU